戦場の乙女 INDEX

ヨーロッパの乙女
●イギリス・アイルランド
- ブーディカ……18
- フィリッパ・オブ・エノー……22
- マーガレット・オブ・アンジュー……30

●フランス
- ジャンヌ・ド・ベルヴィル……24
- ジャンヌ・ダルク……26
- テロワーニュ・ド・メリクール&
  シャルロット・コルデー……32

●北欧
- アルピダ……20

●ロシア
- ナジェージダ・アンドレーヴェナ・
  ドゥーロワ……36
- リュドミラ・パヴリチェンコ……38
- リディア・リトヴァク……40

アジアの乙女
●中国
- 婦好……72
- 王異……74
- 秦良玉……76

●ベトナム
- ハイ・バー・チュン……78
- 趙姫……80

●インド、東南アジア
- ラクシュミー・バーイー……82
- ウンニ・アルチャー……84

●中東
- アルテミシア……86
- ゼノビア……88
- ロドグネ……90

日本の乙女
- 神功皇后……44
- 巴御前……46
- 坂額御前……50
- 鶴姫……54
- 井伊直虎&立花誾千代……56
- 甲斐姫……60
- 望月千代女……62
- 千葉佐那……64
- 中沢琴&原五郎妹女……66
- 山本八重……68

アメリカ、アフリカの乙女
- ●北アメリカ大陸
  - ローゼン……98
  - カラミティ・ジェーン……100
- ●カリブ海
  - アン・ボニー＆メアリー・リード……94
- ●アフリカ
  - ンジンガ女王……102

神話伝承の乙女
- ●ギリシャ・ローマ神話
  - ペンテシレイア……106
  - カミラ……110
- ●北欧神話
  - ヘルヴォール……112
  - ブリュンヒルド……114
- ●ヨーロッパ騎士伝説
  - メローラ……118
  - ブラダマンテ＆マルフィーザ……120
  - クロリンダ……124
  - ブリトマート＆ベルフィービー……126
- ●東欧の民話伝承
  - "男になりすました王女"……130
- ●中国の民話伝承
  - 関銀屏＆鮑三娘……132
  - 扈三娘……134
  - ムーラン……136
- ●中央アジアの民話伝承
  - サイカル……138
- ●アラブの民話伝承
  - モルジアナ……140

戦の女神
- アテナ……144
- スカサハ……146
- 九天玄女……148
- 摩利支天……150
- ドゥルガー……152
- イシュタル……154
- アナト……156
- セクメト……158

案内役のご紹介！

読者のみなさんを戦う女性の世界に招待する、3人の案内役をご紹介！

……ここはどこです!?
私は街の人々を救うため、愚かにも神の意志にそむく、イングランドの軍勢と戦っていたはずなのに……。

ジャンヌ・ダルクよ……あなたは、戦いのなかで「もっと強くなりたい」と願ったために、その思いに答えてここに召喚されたのです。
ここは私、戦神アテナの園。ここで心と体を鍛え直すといいでしょう。

むむむ……主の僕である私が、異教の神に呼ばれてしまったのですか。
わかりました！ これも信仰の証したる"旗"を失ったふがいない私への試練でしょう（キリッ）。ぜひご教授をお願いいたします！

（ひそひそ）あの〜、アテナ様、旗って、あの頭に刺さっているアレですよね？
……教えてあげなくていいのでしょうか？

それに気づくのも試練のうち、ということにしておきましょう……。

ジャンヌさんはちょっと抜けとるとこがあるけども、女の身で一国を背負って指揮官として戦ってたそうだ。
ただの一兵卒だった自分とは天と地ほどの開きがあるな。
日本は何もかも西洋より遅れている。
この機会に、ジャンヌさんやアテナ様からいろんなことを学ばなきゃいかんね！

山本八重子（やまもと やえこ）

江戸幕府が政権を天皇陛下にお返しした「大政奉還」後の時代、幕府派の重鎮だった東北の「会津藩」の武家に生まれた女の子。兄の影響で新しい物に目がなく、鉄砲の腕前は一流。会津藩の鶴ヶ城に攻めてきた新政府軍と戦っていたが、その途中でアテナ様の園に召喚されてしまった。

> なんということでしょう、
> 主からお許しをいただいた
> 神聖な旗をなくしてしまうなんて!
> こんなことでは祖国の解放など
> 望めないでしょう、信仰心をイチから
> 鍛え直さなければなりません!(キリッ)

ジャンヌ・ダルク

15世紀のフランスで祖国のために戦い、聖処女(ラ・ピュセル)のあだ名で人気と敬意を集めている女の子。物腰はいかにも凛々しい聖女様という雰囲気だが、短気で早とちりが玉にきず。実のところドのつく田舎も……農村生まれなので、あまりハイソな話題を振られると処理能力がオーバーフローしてしまう。

> 今までいろいろな英雄たちの
> 面倒を見てきたが、
> 女性がふたりも同時にやってきたのは
> 初めてかもしれないな。
> ジャンヌはほぼ完成されつつあるが、
> 八重子はまだまだこれからの人材。
> ええ、ふたりとも
> 私の加護にふさわしい戦士に育てて
> 送り返してやろうではないですか。

アテナ

ギリシャ神話に登場する、学問と戦いの女神様。父親である最高神ゼウス様にもらった盾アイギスを装備し、戦いでは無類の強さを誇る。趣味は、よさげな人間の英雄候補生をみつけて、陰に日向にその活動を支援するという、いわゆる「タニマチ」「パトロン」業である。

ゲストのみなさんをご紹介！

女の強さを学びたいなら、世界中の先達について知る必要があるだろう。
だが、すべて私が教えるのでは少々手に余る。幾人か助っ人を頼んでいるから、会うことがあれば失礼のないようにな。

ワルキューレご一行！

スクルド　フィルルゥ＆ウェルルゥ

「死んだ英雄の魂」を天上世界にエスコートする役目を持つ、北欧神話の女神たち。スクルドは飛び級のエリート、ふたりは一番下っ端の見習いである。

私たちがつれていくのはいつも男ばっかりだから、女の子の英雄に会うのって新鮮で楽しいわ！　アテナ様からは「世界の女戦士事情」について話すよう言われてるから、よろしくね♪

天使様 ＆ 救世主様！

ハニエル　メシアちゃん

神様に仕える大天使と、世界の「救世主」になるために勉強中の女の子。ふたりについては「萌える！悪魔事典」「萌える！天使事典」でチェック！

ヤハウェ様のしもべたちの説明を任されました。ジャンヌさんのことについても聞いてくださいね？

なのだっ！

まあ、大天使様に救世主様からもお言葉をいただけるんですね！
それなら安心して学ぶことができそうです。

すごい、偉大な先輩戦姫のみなさんと、直接お会いできるなんて感激ですっ！
……オホン、感激だ！
自分、全力で学んでりっぱな「戦場の乙女」になってみせます！

はじめに

　古今東西の戦争において、戦場で血を流して戦うのは男たちの役目でした。彼らは守るべき家族のため、国のため、または名誉や財産のために命を張り、敵側の男たちに武器を振りかざしたのです。

　ですが、そんな血なまぐさい戦場に、一輪の可憐な花が咲くことがあります。
　性差による身体能力の違いを乗り越え、男たちの戦場で戦った、可憐でたくましい女性たち。そんな偶像に心を躍らせるのは不謹慎なことでしょうか？
　本書では、このように女ながらにして戦場で戦った女性たちのことを「戦場の乙女」と呼ぶことにします。

　この「萌える！戦場の乙女事典」では、「萌える！事典シリーズ」過去最多となる56点のカラーイラストで、世界中から集めた64名の「戦場の乙女」を紹介しています。その大半は実際の歴史で活躍した実在人物ですが、神話や伝承のなかに登場する女戦士、そして戦う女神も一部紹介しています。
　巻末の解説ページでは、世界でもっとも有名であろう女騎士、フランスの救世主ジャンヌ・ダルクを徹底紹介します。知っているようで意外に知らないジャンヌ・ダルクの活躍や、戦場を離れた素顔のジャンヌ・ダルクなどを解説。ジャンヌ・ダルクについての基本的な知識がすべて身につきます。

　この本を読んで、戦場で活躍した女性に興味がわいたら、ぜひ各々の伝記などを読んでみてください。本書では紙幅の都合上紹介しきれなかった、乙女たちの生の声や、よりくわしい活躍ぶりを知ることができるでしょう。
　本書が、戦場に命をかけた女性たちへの興味の入り口となれば幸いです。

凡例と注意点

凡例
　本文内で特殊なカッコが使われている場合、以下のような意味を持ちます。
・「　」……原典となっている資料の名前
・《　》……原典を解説している資料の名前

長音記号の表記について
　本書では、人物の名前に複数の表記法がある場合、もっとも有名な表記、権威のある表記を使用します。そのためみなさんが知っている人物が、若干違った名前で紹介されることがあります。

萌える！戦場の乙女事典　目次

案内役のご紹介！……6
はじめに……9
戦場の乙女とは？……11
この本の読み方……16

ヨーロッパの乙女……17
日本の乙女……43
アジアの乙女……71
アメリカ・アフリカの乙女……93
神話伝承の乙女……105
戦の女神……143

まるごと100％！ ジャンヌ・ダルク特別講座……161
ジャンヌ・ダルクってどんな女の子？……164
ジャンヌは何をなしとげた？……166
ジャンヌ・ダルクの仇敵と戦友たち……168
ジャンヌ・ダルク、かく戦えり！……180
ジャンヌ・ダルクが遺したもの……192

Column

世界の戦場の乙女事情　ロシアの女性と戦場の乙女……42
アラブの女性と戦場の乙女……92
ヨーロッパの女性と戦場の乙女……117

イギリス人から見たジャンヌ・ダルク……35
薙刀と女性……53
世界の女海賊……104
エリザベス1世……129
「戦場の乙女」が少ないわけ……142
ブルマーと女性解放運動……160
フランスvsイングランド！ 百年戦争はこんな戦争だ！……178
ジャンヌの死後、フランスはどうなった？……191

戦場の乙女とは？
What is war maiden?

自分は、お殿様の城が
攻められそうだから戦いに参加しただけで、
「戦場の乙女」なんて言われても
ピンとこないんだけどな。
どんな人たちを紹介してもらえるのか、
アテナ様に教えてもらうか！

戦の舞台で輝いた戦場の乙女たち!

さて、ふたりとも準備はできましたか?
これからあなたたちには、戦いの運命すら変える本物の戦姫になるため、しっかりと勉強をしてもらう予定です。
戦場において何が重要なのか知ることが必要ですから。

はい、自分は準備ができました! 紙と筆も用意しています。
ところで何の勉強をするのですか?

ええ、わかっています。改めて主の教えを学び直さなければいけないのですね。
神の御旗を失った私が、神の恩寵を取り戻すことなくフランスのために戦うことはできないのですから。

宗教について学ぶのなら、ハニャエルさんたちを呼ぶべきでしょう。
あなたたちが学ばなければならないのは、過去の戦場で戦ってきた女性たち、「戦場の乙女」の経験です。

この本のテーマ「戦場の乙女」とは?

部族と部族、国と国が、富や生存権をかけて争った戦場という場所は、基本的にも男たちの世界です。
しかし、どんなものにも例外はあります。将軍として、兵士として、戦場で活躍した女性も、世界にはわずかにいるのです。
男たちの独壇場であるはずの戦場において、勇敢に戦った女性のことを、この本では「戦場の乙女」という独自の名前で呼ぶことにします。

よいですか。あなたたちのような「戦場の乙女」は、周囲に似た境遇のお手本がいないために、経験に欠けているのです。
不足している経験を補うため、先達の業績を知り、自分の戦いに活かしなさい。

「戦う女性」の実例を知ることができるというわけですか!
願ってもないですっ! ……コホン、願ってもないこと、ぜひとも自分たちの先輩のことを教えていただきたい!

「戦場の乙女」になるための三箇条！

さて、女性が戦場で活躍するためには、厳しい試練を乗り越えなければならない。この試練をクリアできたものだけが、戦場において活躍し、名を残す資格を得るというわけです。

戦場の乙女の三箇条①
"強さ"を身につけろ！

軍隊に所属する兵士は、軍隊が正式装備として定めた武器や防具を身につけて、敵と斬り合ったり、銃を撃ちあったりします。自分の筋力にあった自由な装備をすることはできません。

また、筋力のハンデを補うため、男性を上回る戦闘技術が求められます。

戦場の乙女の三箇条②
"タフさ"を身につけろ！

戦争の天才、フランスの英雄ナポレオンは「歩兵の仕事は歩くことだ」と言いました。

敵と戦って勝つためには、敵がいるところまで歩いていかなければいけないのです。

そのため軍隊で活躍するには、長い距離を歩く体力か、馬や飛行機などの操作技術が必要です。

戦場の乙女の三箇条③
"男社会"に適応しろ！

軍隊は、基本的に男性のみで構築された社会です。そのため、軍隊のなかに女性がいないことを前提にした仕組みになっています。

例えば着替えやトイレも男性と同じ場所で済ませ、男性と同じ場所で寝るという、一種のずぶとさが必要になります。

これができてはじめて「戦場にいる」ことを認められる、というわけか！
お任せください、自分、鍛錬はしっかり積みました！

体力のほうは大丈夫そうですね。
ただ、私の場合は主のお力添えがありましたから、男社会で苦労することはなかったのですが。八重子さんは気をつけたほうがいいですよ。

この本で紹介する"戦場の乙女"

ひとくちに戦場の乙女といっても、戦場で活躍した女性にはさまざまなタイプがある。これからふたりが知らなければいけないのは、このような特徴を持つ者です。ここにあげた女性のことを「戦場の乙女」と呼ぶので、まずは確認しておきなさい。

　この「萌える！戦場の乙女事典」で紹介しているのは、女だてらに戦いの世界で活躍した女性たちです。その内訳は、実際の歴史上に存在する女性（下の説明参照）、架空の物語に登場する女性、戦いの女神の3つに分かれます。

実在した"戦場の乙女"の3つの種類

戦いという舞台で活躍した女性を集めて比較してみると、その活躍ぶりは、大きく分けてこの3種類に分かれます。

女指揮官
多数の兵士を部下に持ち、軍隊の指揮官として活躍した女性です。最前線で部隊を率いて活躍したタイプと、総大将として全軍を指揮したタイプがいます。

女戦士
武器や防具を身につけ、実際に戦場で敵と戦った、女性の戦士です。本書で紹介した"女戦士"の多くは、男性顔負けの武勇を誇る達人ぞろいです。

女武芸者
実際に戦場に出たことはないものの、武芸の技で名声を得た女性です。右のウンニ・アルチャー（→p84）は、武芸者でありながら戦場でも活躍した特異な人物です。

女性が軍の総大将になることは、実は歴史的にそうめずらしくない。だが名前だけのお飾りだったり、リーダーシップを発揮していない女性も多い。それでは「戦場の乙女」とは言いにくいな。

"戦場の乙女事典" は6章構成

実在した"戦場の乙女"

この本では、世界中の歴史にその活躍ぶりが残されている「戦場の乙女」たちを、時代を問わず、地域別に4つの章に分けて紹介しています。

- ヨーロッパの乙女……p17
- 日本の乙女……p43
- アジアの乙女……p71
- アメリカ、アフリカの乙女……p93

創作、伝承の"戦場の乙女"

神話や伝説、古い小説などに登場する「架空の女性」は、実在する「戦場の乙女」とは区別して紹介します。

- 神話伝承の乙女……p105

戦の女神

この章では人間の女性ではなく、戦う「女神」を紹介します。女神たちはいずれも、神々や怪物相手に圧倒的武勇を示した女傑ぞろいです。

- 戦の女神……p143

自分やジャンヌさんみたいな実在した「戦場の乙女」が4章、神話や昔話、小説に出てくるような「戦場の乙女」に1章、アテナ様たちのような人間じゃない女神様に1章で合計6章構成ということか。それで「戦場の乙女」の人数は……56組64名!? すごい人数! お手本がいっぱいで、うれしい悲鳴ってやつだな!

この本の読み方

これから紹介する56組の「戦場の乙女」には、彼女たちの出自や素性を知ることができるデータ欄がつけられています。
実際に「戦場の乙女」たちに会いに行くのは、このデータ欄の読み方を身につけてからにしましょう。

データ欄の見かた

祖国を救え、神の名のもとに！
ジャンヌ・ダルク

生没年：1412～1431　出身地：ドンレミ村（現在のフランス北東部）

乙女の名前

戦場の乙女データ

生没年：乙女が実在の人物である場合、"～"の左側に生まれた年、右側に亡くなった年を表示します。
出　典：乙女が架空の人物である場合、彼女を紹介している資料や神話を表示します。
出　自：架空の「戦場の乙女」の場合、その乙女が生まれ、所属している種族、部族、神族などを表示します。
出身地：乙女の出身地です。カッコ内には現代の地域名が書かれています。

戦場での女性の活躍を知るためには、その「戦場の乙女」が、どの時代のどんな場所で活躍したかを知ることが非常に重要となります。
時代によって戦場のありかたが大きく違うからです。

なるほど。自分は武器が銃だから苦労が少ないが、たしかにジャンヌさんの時代だと、鎧を着て剣を振ってという時代だから戦うのは大変そうだ。

私の場合は、たしかに鎧は着ていますが、剣で戦ったわけではありませんからね。
主の使命を果たすという重圧に比べればなんということはありません。
実際に白兵戦で戦った女性もいるのですよね？　その方のほうがすごいと思いますわ。

次のページから、56組の「戦場の乙女」に会いに行こう！

ヨーロッパの乙女
maidens in Europe

　ヨーロッパの戦場は基本的に男性の兵士、騎士が活躍する場でしたが、ときどき特別な事情から、女性でありながら戦場に立つ女性があらわれます。この章では紀元前から第二次世界大戦まで、12名の「戦場の乙女」を紹介します。

illustrated by 人外モドキ

マーガレット・オブ・アンジュー

ブーディカ
母娘の怒りが戦車で駆ける!

生没年：前1世紀？～60？　出身地：東ブリタニア（現在のイギリス東部 ノーフォーク地方）

ケルトに女傑あり

　中東でイエス・キリストが生まれた1世紀ごろ、イギリスでは「ケルト人」と呼ばれる現地民が、ヨーロッパの大国「ローマ帝国」に支配されていた。このケルト人のうち、現在のイギリス本土であるブリテン島の東部に住んでいたイケニ族という部族が、周辺部族を統合してローマ帝国に大規模な反乱を起こした。この反乱の指導者となったのが、イケニ族の女王、ブーディカである。

　ローマ人が残した資料によれば、ブーディカは背が高く、赤毛を腰までたなびかせ、眼光は鋭く知性あふれる女性だった。トルクという黄金の首飾りを身につけ、色鮮やかなチュニックの上に厚手の外套をまとい、それをブローチでとめていた。

　イケニ族は、ブーディカの夫である王がローマ軍と同盟を結んで独立を維持していたが、王が死亡すると、ブリタニア統治を任されたローマの総督は、彼らの武器と財産を取り上げ、貴族すらも奴隷のように扱った。ローマの歴史学者タキトゥスは、女王ブーディカは鞭打たれ、その娘ふたりは性的暴行を受けたとまで書いている。これをきっかけにケルト諸部族の不満が爆発し、大規模な反乱が起きたのである。

　ブーディカは娘とともに戦車に乗り込み、軍にローマの植民市を襲わせて暴虐のかぎりを尽くし、救援に来たローマ正規軍も撃破した。しかし、総督が入念な準備と策略を駆使して迎撃すると、ブーディカの軍は敗れ、8万人近い犠牲者を出して総崩れとなった。絶望したブーディカは毒を飲んで自殺したとも、病死したともいわれている。

ロンドンのウエストミンスター橋近くにあるブーディカの彫像。彼女はイギリスでは、外敵に立ち向かった英雄とみなされている。1905年、彫刻家トーマス＝ソーニクロフトの作品。

女神となった女王

　ブーディカの死から約1900年たった1921年、フランス北西部の都市ボルドーで、ブリテン島で作られたとみられる、ブーディカという女神の彫像が発見された。ベルンハルト・マイヤーの《ケルト事典》は、ブーディカ女王の名前は女神にちなんで名付けられたもので、死後、女王自身も女神として信仰されたと推測している。

ブーディカの反乱のあと、ローマ帝国は占領地の住民を暴力で弾圧するのを控え、懐柔策をとるようになった。よほどブーディカの反乱がこたえたようだな。彼女の戦いぶりは帝国の政策すら変えたわけだ。

アルビダ

彼女は王女で、海賊で

生没年:不明(5世紀ごろ) 出身地:スカンジナヴィア半島

嫁入り嫌がり女海賊に

　その昔、北欧の海には、女性が率いた海賊団が暴れていたという。この女性こそアルビダである。しかも彼女はただの女海賊ではない。なんと彼女は、北欧のスカンジナヴィア半島に住む民族「ゴート族」のお姫様なのである。

　アルビダは父が勧める結婚を嫌がって城を飛び出してしまった。その後、彼女は男装して海賊団に入っていたが、その海賊団の頭領が死亡すると、彼女が指揮をとるようになったのだ。アルビダの海賊団には"女性"たちが多く集い、女海賊団を結成。スカンジナヴィアの東側にあるバルト海で船を襲い、暴れ回った。また、彼女の美貌に惹かれた"男の海賊"たちが彼女の部下になることも少なくなかったという。なお、アルビダのもとに女性が集まった理由、美人とはいえ男装しているアルビダに男たちが惹かれた理由は、いずれも不明だ。

　アルビダの海賊行為は、あるとき急に終わりを迎えることになる。海賊の被害に悩んだ北欧の一国デンマークは、アルブ王子が率いる討伐軍を派遣する。実はこのアルブ王子こそ、かつてのアルビダの婚約者だったのだ。彼は、アルビダが率いる海賊団を撃破、海賊団の頭領がアルビダと知って喜び、彼女と結婚したという。

　ちなみに別の伝説ではアルビダは負けておらず、アルブ王子の勇敢さを気に入ったアルビダが自分から正体を明かして結婚したという、ほぼ逆の展開になっている。

王女が海賊になった奇妙ないきさつ

　アルビダは親から押しつけられた結婚を嫌って海賊となっているのだが、物語では城を飛び出すまでの過程が少々奇妙なものになっている。

　アルブ王子が婚約者として名乗りを上げたとき、アルビダの父である王は、彼にある試練を与えた。残念ながら彼は試練を越えられなかったが、それでも王から「アルビダが望むならば結婚を許す」と言われる。はじめはアルビダも王子の勇気を誉めていた。しかし、アルビダの母は結婚に反対で、彼女を厳しくしかりつけたのだった。

　すると、あれほどアルブ王子を褒め称えていたアルビダは急に彼を軽蔑し、城を飛び出してしまうのである。この急な心変わりについて説明をしている資料はなく、なぜアルビダが、かばっていたはずのアルブ王子を軽蔑したのかは謎である。

アルビダ殿のお父上は、アルビダ殿に「悪い虫」がつかないよう、彼女の寝室に「クサリヘビ」という毒蛇を放っていたのだそうだ。そんなことをしたら大事なアルビダ殿が噛まれてしまいそうだが……。

騎士になった王妃
フィリッパ・オブ・エノー
生没年：1314〜1369　出身地：ヴァランシエンヌ（現在のフランス北部）

美しきオランダの姫

　14世紀初め、ネーデルラント（現在のオランダ、ベルギー）を治めるエノー伯ギヨーム1世には5人の娘がいた。フィリッパはそのなかでもっとも美しいと称えられた姫である。当時の記録によれば、青みがかった黒とも茶色ともつかない髪、黒褐色の瞳、父親譲りの褐色の肌の持ち主だったという。

　フィリッパは1328年に、現在のイギリス南部にあたる国イングランドの国王、エドワード3世と結婚した。ちなみにフィリッパの母とエドワード3世の母が又従姉妹という縁だったが、当時カトリック教会は親戚どうしの結婚を禁じていたため、ふたりが結婚するにあたってはローマの教皇の許可状が必要だったという。

王妃フィリッパの肖像画。作者不詳。

　その後フィリッパはエドワード3世とのあいだに12人の子を設け、ヨーロッパ随一の子福者と羨まれた。特に長男エドワード王子は成長してからは並外れた武勇で父王の治世を支え、黒太子（ブラックプリンス）とも呼ばれた人物である。

王妃フィリッパとガーター騎士団

　エドワード3世の時代、イングランドと隣国フランスとのあいだで長期にわたる戦争が始まった。かのジャンヌ・ダルク（→p26）も参戦した百年戦争（→p178）である。フィリッパはエドワード3世とともに戦争の前線近くまで赴き、夫を献身的に支えた。

　またあるとき、フィリッパがエドワード3世のフランス出兵中にイングランドで留守を守っていたところ、隣国スコットランドが攻めてきた。同時代の歴史家フロワサールの著作によれば、このときフィリッパはみずから軍を指揮して戦い、スコットランド王を捕らえるという大戦果を上げたという。

　エドワード3世は『アーサー王伝説』に登場する「円卓の騎士」に憧れており、これを模した「ガーター騎士団」を創設して有力貴族らを叙勲した。フィリッパもこの一員に加えられ、女性としては初の団員となっている。ガーター騎士団は戦闘を目的とした騎士団ではないが、彼女が騎士にふさわしいことは、その経歴が証明している。

フィリッパ女王とエドワード王がはじめた百年戦争は、悔しいことにイングランド側の圧倒的優勢で進みました。初期の戦いでフランスの誇る騎士団が壊滅的被害を受け、反撃できなくなってしまったのです。

ヨーロッパの乙女

こっちの"ジャンヌ"は超怖い
ジャンヌ・ド・ベルヴィル

生没年：不明〜1369　出身地：ヴァンデ地方（現在のフランス西部 ヴァンデ県）

百年戦争を戦った、もうひとりの"ジャンヌ"

「百年戦争（➡p178）で戦った"ジャンヌ"という女性」といえば、ほとんどの人はジャンヌ・ダルク（➡p26）を思い浮かべるだろう。しかし、この百年戦争にはもうひとりのジャンヌ「ジャンヌ・ド・ベルヴィル」という女傑がいた。ジャンヌ・ダルクが"神の声に導かれ"行動を起こしたのに対し、ジャンヌ・ド・ベルヴィルは"復讐"という私情によって戦場に立っている。

ジャンヌ・ド・ベルヴィルが活躍したのは、聖女ジャンヌ・ダルクが生まれる60年以上も前、百年戦争の初期のころだ。フランスの貴族に生まれたベルヴィルは、有力貴族の夫へ嫁ぎ、子宝にも恵まれるなど不自由ない生活を送っていた。

しかし、夫がフランス王にスパイの疑いをかけられ処刑されてしまうと、彼女は復讐のために立ち上がる。貴族である彼女は潤沢な資金を使って傭兵団を雇い、夫を殺したフランス軍へ攻撃を開始したのだ。しかも彼女はただ傭兵を雇っただけでなく、みずからも鎧兜をまとい、戦場に立ったといわれている。

ベルヴィルが率いていたような、"金で雇われて戦う"傭兵たちにはモラルなどまったくなく、襲った村からの略奪や虐殺は当たり前であった。こうした苛烈さもあって、ベルヴィルの名前はフランスだけでなく、イギリスでも知られるようになった。

しばらくすると、ジャンヌ・ド・ベルヴィルは、"陸"から"海"での戦いに切り替えた。なぜなら陸での戦いは、外交上の休戦や宗教上の祝日の関係で、つねに戦いができたわけではなかったのだ。しかし海ならばそうした「しがらみ」を無視できた。

以降、ベルヴィルは"海賊"となり、イギリス王に直接掛けあって譲ってもらった3隻の船で、フランスの船を次々と襲ったのである。

復讐からの目覚め

フランス船を襲うベルヴィルの蛮行に、フランスも艦隊を派遣する。ベルヴィルたちの船はフランス艦隊に囲まれるが、なんとか彼女は息子たちとともにボートで脱出した。しかし何日も漂流したため、息子のひとりが衰弱死してしまう。

最愛の息子が死んでしまったことで、彼女は悪夢から覚めたかのように戦場から身を引いた。その後、彼女はイギリス貴族と再婚して余生を過ごしたという。

私の生まれる前にフランスを荒らし回った方ですね。でもこの方の生き残った息子さんは「フランスの軍師」として活躍したそうです。お父様と同様、フランスに殉じた立派な貴族様ですよ。

祖国を救え、神の名のもとに！
ジャンヌ・ダルク

生没年：1412～1431　出身地：ドンレミ村（現在のフランス北東部）

祖国フランスを救った男装の女騎士

フィリッパ・オブ・エノー夫婦（➡p22）が引き金を引き、ジャンヌ・ド・ベルヴィル（➡p24）が血に染めたフランス百年戦争。永遠に続くかと思われたイギリス（イングランド）とフランスの戦いを終わらせたのは、たったひとりの少女が運んだ、勇気という名の奇跡だった。彼女こそ、人類の歴史上もっとも多くの人々に知られることになった「戦場の乙女」、「聖処女」ジャンヌ・ダルクである。

彼女がどんな外見の少女だったのかは、資料には残されていない。絵画では、黒または茶色の髪を短く切りそろえ、全身鎧に身を包んだ女騎士として描かれることが多い。腰には剣を下げ、手にはつねに、神からの加護を敵味方に知らせる白い旗を持った姿で描かれている。

フランス王太子シャルル7世の戴冠式のジャンヌ。1854年、フランス人画家ドミニク・アングル画。

フランス東部、ドンレミという村に住むただの少女に過ぎないジャンヌ・ダルクが、祖国を敵の侵略から救うという偉業をなしとげられたのは、指揮官として優秀だったからでも、戦士として強かったからでもない。たしかに剣の腕はそれなりだったし、プロの軍人の常識を打ち破るような作戦を披露したりもしたが、生まれはごく一般的な農家であり、軍人としての特別な教育を受けたわけではない。

フランスを救ったジャンヌ・ダルクの原動力はたったひとつ。"神"である。彼女は自分を「フランスを救え」という神の声で遣わされた乙女だと宣言したのだ。

ジャンヌ・ダルクの決起から破滅まで

ジャンヌは12歳ごろから神の声を聞くようになり、キリスト教の大天使「ミカエル」からフランスを救えという神託を受けたと言っている。それから4年、神の命令を実行すると決意したジャンヌは、髪の毛を短く切って男装し、神にその身を捧げて生涯処女であることを誓った。これ以来ジャンヌは自分を「乙女ジャンヌ」と名乗っている。理由は不明だがジャンヌには「生理」がなかったとされ、これもジャンヌの処女性を高めるのに一役買っていたようだ。

フランスの兵士たちはジャンヌを信じ、神の軍となって戦った。当時のフランスはイングランドの軍に対して連戦連敗で、兵士たちの「やる気」はどん底に落ち込んでいたのだが、ジャンヌが彼らを鼓舞すると、フランス兵はやる気を取り戻し、見違えたよ

うな強さでイングランドの軍をたたきのめしたのだ。

　戦いのとき、ジャンヌは甲冑をまとい、腰に差した剣は抜かず、大きな旗を持って兵士たちを鼓舞した。この旗の威力は絶大で、先頭に立って突撃するジャンヌの旗にあわせ、フランス軍は雪崩のようにイギリス軍に襲いかかったという。時にその威光は過剰すぎるほどで、ジャンヌが敵の城に降伏勧告をするために城に近寄ったとき、味方がそれを総攻撃の合図と勘違いし、敵の城に殺到。落ちないはずの城が落ちてしまうこともあったという。

　フランス軍とともに奇跡的勝利を演出したジャンヌだが、しだいにフランス国王シャルル7世と意見が食い違うようになる。そのためジャンヌが指揮できる兵士の数は少なくなった。それでも彼女は神の声に突き動かされて戦い続けたが、やがて孤立無援のジャンヌはついに戦いに敗れ、敵に捕らえられてしまう。ジャンヌは復讐に燃えるイングランドによって宗教裁判にかけられ、無実の罪を着せられて火あぶりにされてしまった。彼女は処刑のときも、イエス・キリストの名前を叫んでいたという。

　ジャンヌ・ダルクは17歳でフランス軍に入って数々の奇跡的勝利を演出したあと、18歳で敵に捕らえられ、19歳で処刑された。その活躍の期間は、百年戦争のうちわずか2年にすぎない。だが彼女がつかんだ勝利の効果は大きかった。ジャンヌとの戦いで精鋭部隊を失ったイングランドの軍事力は弱体化し、その後のフランス軍は連戦連勝。ジャンヌの死から25年後、フランスはイングランドに奪われていた大陸領土をすべて取り戻したのだ。ジャンヌはたしかにフランスを救ったのである。

ジャンヌ・ダルクの人となり

　神の声に突き動かされてイングランド軍と戦ったジャンヌだが、もともとは優しく内気で家族思いな、ただの村娘にすぎなかった。ただひとつ普通ではなかったのは、不信心な人は目上の人でもしかり飛ばすほど信心深いキリスト教徒だったことだ。

　神の声を聞いたあとの彼女も、本質的にはただの少女であることに変わりはない。矢に撃たれて怪我をしては涙を流し、降伏勧告をしたときに敵軍兵士に「淫売女」と呼ばれたときなどは、悔しさのあまり泣き出してしまっている。敵軍に勝利し、それまで戴冠の儀式を行えていなかったシャルル王子を正式な王にしたときは「これで神様も、私を役目から解放してもらえないものかしら」と、ちょっとした弱音を吐いたり、農村での家族との暮らしをなつかしんだりもしている。

　戦場で武器ではなく旗を持ったのも、彼女の素朴さによるものだ。ジャンヌは宗教裁判で、自分の手で敵を殺すのが嫌だったので旗持ちをした、と証言している。ただし、これはジャンヌの勇敢さと矛盾するものではない。中世の戦争において、旗を持つ兵士は軍隊の先導役で、真っ先に狙われるのが常識だ。ジャンヌは自分の身を危険にさらしながら、自分は敵を殺さないという、とても危険な役目を果たしていたのだ。

え、なんですかアテナ様……ふむふむ、ジャンヌさんの活躍ぶりについては、巻末の資料パートでたっぷり紹介する……ほうほう！　これはぜひ見に行かなくちゃ……オホン、行かねばなりません！

敵の血に染まった赤バラの王妃
マーガレット・オブ・アンジュー

生没年：1429～1482　出身地：ロレーヌ公国（現在のフランス北東部）

利発な姫から恐怖の女王へ

　百年戦争の終盤、すでにジャンヌ・ダルクは火刑台に消えていたが、イングランドの劣勢は明らかになっていた。イングランドはフランスと和平を結ぶため、国王ヘンリー6世の妻に、フランス王シャルル7世の姪であり、フランス貴族アンジュー公爵の娘である美姫を望んだ。彼女の名はマーガレット、激動の時代を生きた王妃である。

　結婚当時、マーガレットは14歳で、社交界で評判の美少女であり、文芸の才能にも恵まれていた。その紋章は春を告げ、天国の庭に咲き誇るというヒナギク(マーガレット)である。だがまもなく、彼女は教養ある美姫という評判とは違う、もうひとつの顔を見せるようになる。それは戦の神もたじろぐような、血に飢えた苛烈な顔であった。

戦いの26年と、悲運の晩年

　当時、イングランドの王家はヘンリー6世の「ランカスター家」だったが、百年戦争での大敗などを理由に、有力貴族「ヨーク家」が反乱を起こした。ランカスターの紋章が赤薔薇、ヨークの紋章が白薔薇なので、この内戦は「薔薇戦争」と呼ばれる。

　ヨーク家が王位を求めて反乱を起こした理由のひとつに、マーガレットの夫であるヘンリー6世が精神的に非常にもろい人物だったことがある。彼は百年戦争でイングランドが完全に敗北したことを知ると精神を病み、政務をとれなくなってしまった。

　ヨーク家の反乱によりヘンリー6世は幽閉され、マーガレットは国外に追放されるが、彼女はヨーク家の内紛につけこんでイングランドへ帰還し、精神疾患の夫をさしおいて実質的な軍の総大将として戦争に勝利、ヨーク家の当主であるリチャードを敗死させたのだ。マーガレットはその首を晒し、頭に紙の王冠を被せて物笑いの種にしたという。さらには捕虜の処刑にも荷担し、怯む部下から戦斧を取り上げてみずから振り下ろしたという。その残忍さに、劇作家ウィリアム・シェイクスピアは、史劇『ヘンリー六世』の中でマーガレットを「フランスの雌狼」と評している。

　しかし、その勝利も長くは続かなかった。ヨーク家の逆襲でヘンリー6世は逮捕され、息子は戦で死亡。マーガレットは5年の幽閉生活ののち、フランスへ送り返された。夫や子供、王座ばかりかすべての権利を奪われた彼女は実際の年齢よりも醜く老いて見えたといい、イギリス人を呪いながら生涯を終えたという。

マーガレットは戦争ばかりでなく、大学を作り、印刷業を興し、織物産業を奨励して多大な富をイギリスにもたらした。余談だが私は織物の女神でもあってな。織物の重要さはどの時代でも変わらぬと痛感したとも。

illustrated by ここあ

起こしてみせます！ 女の革命
テロワーニュ・ド・メリクール&シャルロット・コルデー

生没年：1762～1817 ／ 1768～1793　出身地：マクリール村（現在のベルギー リュクサンブール州）／ノルマンディー（現在のフランス ノルマンディー地方）

革命家のアイドルとなった女性たち

18世紀のフランスは、国王の権力を削減し、市民中心の政治を行うべきとする政治運動「フランス革命」に揺れていた。このフランス革命では、これまでのヨーロッパの政治的事件と異なり、多数の女性が活躍した。革命の理論面、政治面では男性がリードしたものの、革命の発端となった重要な行動の場面には、いつでも女性の姿があったのである。テロワーニュ・ド・メリクールとシャルロット・コルデーは、そんなフランス革命のなかで、特に異彩を放った女性たちである。

女性騎手隊を率いる革命のアマゾンヌ

テロワーニュ・ド・メリクールは、1762年、ベルギー王国の小村マルクールに生まれた女性で、本名はアンヌ・ジョゼフ・テルヴァニュという。11歳で家を出て、仕事を転々としたあげく、20歳で高級娼婦となり、ロンドンで大成功したのち、歌手の愛人となってパリにやってきた。細身ながらメリハリのある体つきで、男性に非常に人気があったという。

1789年、フランス革命の発端となった「バスティーユ監獄襲撃事件」が発生する。これは軍事力で民衆を威圧する貴族議会に対抗し、民衆が国から武器を奪い取ることを目的としていた。これを目撃したテロワーニュは、世間を揺るがす革命の機運を感じ、乗馬服に幅広の帽子、ズボンをはいた腰には剣とピストルをぶら下げた男装の姿で、民衆たちが自主的に設立した「国民議会」の傍聴席に通うようになる。革命家たちはいつも最前列に座る男装の美女に注目し、彼女の家はいつしか革命家のサロンとなり、大物革命家が通って議論に花を咲かせた。

同年10月5日、食料配給を求める、女性中心のデモ隊が問答の末に宮廷になだれ込み、宮殿を略奪し国王を捕らえた「ヴェルサイユ行進」事件が発生した。このときデモ隊の先頭にはテロワーニュが立っていたという記述があるが、これは伝説にすぎない。ただし彼女はのちに、女性が多数参加したヴェルサイユ行進に、女性革命家の代表格である彼女は当然いたはずだと誤解されるだけの知名度を手に入れるのである。

革命の主役のひとりだった彼女には、内外を問わず敵も多かった。国王支持者の攻撃を避けるためにベルギーに里帰りしたとき、彼女はフランス王家の親戚であるオーストリアに逮捕され9ヶ月拘束される。だがこれは逆にテロワーニュを英雄視し「ハクをつける」結果となってしまい、彼女は「革命のアマゾンヌ」という異名で褒め称えられた。その名声を武器に、彼女は女性の革命参加を主導し、女性の騎手隊を組

illustrated by 天領セナ

革命のアマゾンヌの最期

テロワーニュは革命に伴って起こる多くの血なまぐさい殺戮に参加、もしくはその場にいたとされる。時にはかつて自分の愛人だったフランス貴族をみずから殺害したこともあった。国王ルイ16世が裁判にかけられたときは、騎手隊とともに激しく国王を糾弾し、国王の首を斬れと主張している。

だが、彼女の活躍は長くは続かなかった。ルイ16世が処刑されると、革命の波及を恐れた周辺諸国は同盟を結んでフランスを滅ぼそうと画策する。フランス国内は開戦派と反戦派の真っ二つに割れており、テロワーニュは過去の言動から開戦派とみなされていた。そのため反戦派の女性運動家に襲われて暴行を受けた。彼女はその恐怖から精神に異常をきたして革命の表舞台から姿を消し、20年後に病院でひっそりと息を引き取ったのだ。ただし別の説によれば、暴行を受ける前から娼婦にはつきものの病気「梅毒」にかかりすでに、精神異常を引き起こしていたという。

暗殺の天使シャルロット・コルデー

もうひとりの女性シャルロット・コルデーは、後世「暗殺の天使」という、物騒だが美しい異名で知られるようになった女性である。貧乏貴族の娘であり、物静かで聡明、趣味は読書というおとなしい美女だった。革命が起こらなければ、彼女は幼少時から暮らしていた修道院で、静かに尼僧として一生を送ったに違いない。

だが、時代は彼女に華やかに散る舞台を与えた。パリから逃げてきた革命家の話を聞いた彼女は、パリでしばしば引き起こされる虐殺の原因が、ジャン・ポール・マラーという論客の過激な新聞記事のせいだと考えた。

彼女は単身パリに上京し、「革命を頓挫させる陰謀をつかんだ」という口実でマラーと面会した。マラーは末期の病の治療のために入浴しながら新聞を書いていたが、シャルロットは隠し持っていた包丁でマラーを刺し殺したのだ。彼女はその場で逮捕され、革命裁判で死刑の判決を受け、その日のうちにギロチンで処刑された。

法廷や処刑場にあらわれた彼女の姿があまりに美しく、すぐに処刑されてしまったはかなさも相まって、シャルロットに恋してしまう男性が続出したという。「暗殺の天使」という異名は、この逸話をもとに後世つけられたものである。

シャルロットによるマラー暗殺の場面を描いた油絵。1860年、フランス人画家ポール・ボードリー画。

当時のパリには、コルデーさんLOVEをこじらせて処刑されちゃった人までいたらしい。アダム・リュクスっていう議員さんで、なんと議会でコルデーさんの暗殺を大絶賛したんだって。何やってんのこの人……？

イギリス人から見たジャンヌ・ダルク

私は何度もイングランド人に、神の意志に背くのはやめなさいと忠告したのですが、誰も聞こうとしませんでした。彼らはさぞ私を嫌い、バカにしているのでしょうね。はあ。

　フランス人にとって、ジャンヌ・ダルクは誰にも文句のつけようがない救国の英雄である。なんの訓練も受けていない少女が鎧を着込み、神の声に従って祖国を救うというドラマチックさ、若くして処刑台に散った悲劇性により、世界中で人気があるのもまた事実である。では、ジャンヌ・ダルクにとって敵国であるイギリスの国民にとっては、ジャンヌ・ダルクとはどのような存在なのだろうか？

シェイクスピアで歴史を知るイギリス人

　イギリス人がジャンヌ・ダルクの存在を知る入り口は、イギリスを代表する劇作家であるシェイクスピアの歴史劇である。シェイクスピアは、百年戦争でジャンヌ率いるフランスと戦ったイングランド王ヘンリーを主役とする劇『ヘンリー六世』で、ジャンヌ・ダルクのことを以下のようにこきおろしている。
「呪文を使って魔王の手先、悪霊をあやつる魔女であり、シャルル王子やナポリ王ルネを手玉にとって、誰の種かもわからない子供を妊娠した淫乱な女である。」
　ところが、現在のイギリス人はジャンヌ・ダルクのことをそれほど嫌ってはいない。特に女性などは、ジャンヌを「フェミニズムのシンボル」として尊重する気配すらある。
　イギリス人がこのような感想を持つ原因は、こちらもシェイクスピア作品の歴史観によるところが大きい。実は『ヘンリー六世』の考え方だと、英仏の百年戦争は、ジャンヌ・ダルクの登場以前、フランスが大敗を喫して不利な和平を結んだ1420年の時点で終わっているのだ。イギリスの立場は、ジャンヌ登場後の戦争は、フランス内部の内輪もめにすぎないというものだ。「イングランドは国内の混乱で手いっぱいになったため、"副王"であるシャルル7世に、本来ヘンリー6世のものであるフランスの統治を任せている」だけなのだ。
　イギリスでは「シェイクスピア症候群」という言葉があるほど、彼の作品を通して歴史を知り、客観的な歴史を詳細に学ばない人が多いため、「百年戦争の後半はフランスの内戦」だとする歴史観に疑問を持つ人が少ない。そのためシェイクスピアが敵視し、こきおろしたはずのジャンヌは、皮肉にも彼の歴史観では「フランスの内乱で活躍したらしい小娘」に過ぎず、憎しみの対象にならないようなのだ。

……あらら？　思いのほか、嫌われていないのですか？
未来のイングランド人はずいぶん紳士的なのですね。見直しました。

いや、ジャンヌさんだまされてるよ！
魔女とか淫乱とか十分ひどい悪口言われてるから！
これで紳士的に思えるって、戦場でどんな悪口言われてたんだよーっ!?

ヨーロッパの乙女

女の子なのは最高機密！
ナジェージダ・アンドレーヴェナ・ドゥーロワ

生没年：1783～1866　出身地：キエフ市（現在のウクライナ北部 キエフ州）

夢か幻か、伝説の「女騎兵」

　軍隊は男社会である。全員が同じ場所で過ごし、一緒に着替え、トイレも同じ場所で済ます。そんななかに女性が混ざれば、女性であることを隠し通すのは不可能に近い。だがしかし、それを首尾よくやってのけ、軍を退役するまで戦い続けた女性がいる。兵士としての名はアレクサンドル・アレクサンドロフという男性名。本名はナジェージダ・アンドレーヴェナ・ドゥーロワという。

　ナジェージダは軍人である父の元に生まれ、兵営で育った。乗馬を好む活発な性格で、18歳で結婚して子供も産んだが、その子供を残して離婚してしまう。その数年後、23歳になった彼女は家を抜け出すと、髪を切って少年兵を装い、愛馬アルキードを連れ、偽名を使ってロシア帝国の精鋭騎兵部隊であるコサック連隊に入隊した。

　当時ロシア帝国は、軍事的天才として名高いナポレオンのフランスと敵対しており、彼女も2度にわたってナポレオンとの激しい戦いを経験した。ナジェージダあらためアレクサンドルの軍隊生活は10年に及び、そのあいだに勲章をもらったり、貴婦人とのロマンスの末に指輪を贈られたこともあったという。当時のロシアでは、男装の騎兵がいるらしいという噂が広まっていたが、それがナジェージダのことだと看破した者はいなかった。彼女は最後までその正体を隠し通したのだ。

剣からペンへ、華麗なる転身

　軍人時代のナジェージダは、自分の体験や聞いたことなどを欠かさず記録していた。退役後しばらくして彼女は、この手記を出版しようと思いつく。それが、アレクサンドル・アレクサンドロフの活躍を描いた『乙女騎兵—ロシアの出来事』である。

　女人禁制の軍隊にもぐりこんで活躍した男装の女騎兵の手記、という衝撃的な内容に、この本は大評判となった。ナジェージダは作家としての名声を獲得し、軍隊時代の経験をもとにしたラブロマンスを何本も書いて好評を得たが、「以前のように作品を書けなくなった」として、きっぱりと筆を置いてしまう。

　その後の彼女は故郷の町に帰り、年金頼りの貧しい生活ながら、社交界に顔を出したり、犬猫を保護したり、乗馬や散歩を楽しむなど、豊かな老後を送ったという。生涯男装を通し、町の人々も彼女を「旦那」などと男性扱いして敬愛したそうだ。

ナジェージダさんは、亡くなるときも男性として埋葬されることを望んだそうですね。いけませんよ、あなたも主の僕ならば、戦争中はともかく、特に必要な時以外は性別を偽ってはいけないのです。

illustrated by チーコ

狙われたら一撃昇天
リュドミラ・パヴリチェンコ

生没年：1916～1974　出身地：ビーラ・ツェールクヴァ（現在のウクライナ北部 キエフ州）

女性狙撃手の第一人者

　今現在、世界中を巻き込んだ最後の戦争である「第二次世界大戦」。この大戦中、ソビエト連邦（現在のロシア）は、他国とは違い積極的に女性を戦場に送り出していた。リュドミラ・パヴリチェンコは、そんな女性たちなかでも多くの功績を挙げた兵士のひとりで、300人以上の敵兵を倒した凄腕の狙撃手(スナイパー)である。

　1941年にドイツがソ連に宣戦布告したとき、リュドミラは大学生だった。彼女は学問のかたわらで射撃競技にも励んでおり、すでに狙撃手の資格を持っていた。その後リュドミラは軍へ志願、はじめは比較的安全な従軍看護婦になるよう望まれたが、祖国のために戦いたいと考えた彼女はそれを断り、狙撃手への配属を希望した。

　戦場に出てからの彼女は、わずか10ヶ月のあいだに確定戦果187名を記録し、一気に知名度をあげる。狙撃手をサポートする「観測手」と2人1組で行動するという、シンプルな戦術で次々と標的を撃ち、約2年で確定戦果309人を記録した。これは男性の狙撃手を含めても上位に入るほどのすさまじい戦果である。

　またリュドミラは通常の狙撃以外にも、敵狙撃手を逆に狙撃する「対抗狙撃」(カウンタースナイプ)を得意としていた。彼女の戦果のうち30人以上が敵の狙撃手であり、そのなかには500人以上の兵士を殺害したドイツ軍の凄腕狙撃手も含まれていた。本来狙撃手は、相手に気づかれず標的を撃つことを目的としている。その狙撃手を何人も倒すリュドミラの技術が、いかにすごいものであるかがわかるだろう。

負傷後は後進の育成に

　リュドミラが戦場に立ってから約2年後、彼女は戦闘中の負傷をきっかけに前線を退き、新設部隊「女子狙撃教育隊」の教官に就任した。そこでリュドミラは多くの女性狙撃手の育成に努め、ふたたび戦場に戻ることはなく終戦を迎えた。

　実は彼女が戦線を離れたのには、負傷以外の理由もあった。リュドミラの活躍は国内のみならず海外にも知れ渡っており、ソ連は"英雄"の戦死を恐れたのである。また、知名度抜群かつ容姿端麗だった彼女は外交宣伝にうってつけであり、当時は同盟国だったアメリカの大統領と対面するなど、政治に利用されることもあった。リュドミラの戦いは終わったわけではなく、戦場から政治の場に移ったのである。

リュドミラ殿以外にも、ソ連には「100人以上の敵を倒した」狙撃手が複数いるそうだ。なんでも忍耐力のある女性は狙撃手に向いているのだとか……同じ女銃手として、実に勇気をもらえる話だな！

illustrated by 雪駄

大空に咲くは百合か、バラか
リディア・リトヴァク

生没年：1921～1943　出身地：モスクワ（現在のロシア西部 モスクワ）

ソ連が誇る女性エースパイロット

　リュドミラ・パブリチェンコのページでも見たように、第二次大戦中のソビエト連邦は、女性兵士を多く戦場に送り出していた。リュドミラが「陸の女性兵士」の代表とするならば、このリディア・リトヴァクは「空の女性兵士」の代表だ。

　リディアは現在のロシア西部、一説では80万人以上の死者がでたという激戦区「スターリングラード」で活躍。ドイツ兵には、彼女の機体に描かれた花の模様から「スターリングラードの白バラ」と呼ばれ恐れられた。なお、彼女が機体に描いていたのは「白百合」であり、「白バラ」は敵軍が模様を見間違えたためについた異名だ。

　幼いころから大空に憧れていたというリディアは、21歳になると、女性パイロットの募集に応募して入隊。身長150㎝そこそこと小柄な美人で、配給された制服の丈をハサミで切って着ていたという。彼女は男ばかりの軍隊に所属していても女性らしい振る舞いを忘れず「飛行直後の暖まったエンジン冷却水を抜き取って、シャワー代わりに使っていた」「カラフルなスカーフを作って巻いていた」「コックピットに積んできた花を飾った」などの逸話を持っている。

　はじめにリディアが配属された部隊は、戦闘の少ない都市の防衛だったため、満足な成果を上げられなかった。しかしその後、最前線で活躍する精鋭部隊に配属され、女性兵士への偏見と闘いながら戦果を上げていく。彼女は5機撃墜すればエースパイロットといわれた当時、約12機を撃墜、国内外に自分の実力を見せつけた。

白百合、帰らず

　リディアが軍隊に入ってから約2年が過ぎた1943年8月1日、出撃した彼女の戦闘機は帰還しなかった。同僚のパイロットは、リディアの戦闘機が8機もの敵に追われているところを見ていたため、彼女は撃墜されたものと考えられた。

　後日、墜落した"白百合を描いた戦闘機"が発見されたが、リディアの遺体は見つからなかった。そのため、リディアの所属部隊は彼女の死亡を認めなかったという。

　公式には、彼女は戦死したことになっている。しかし、戦後も遺体が見つかっていないこともあり、「敵国の捕虜になった」「実は生き延びていた」といった、リディアの生存を主張する説も存在する。

ソ連には、パイロットから整備士まで全員女性の飛行部隊が複数あって、あわせて1000人以上の女性兵士が所属していたそうです。フランスもそんな国だったら、男装する必要がなくて楽だったのですが。

世界の戦場の乙女事情① ロシアの女性と戦場の乙女

このコラムは私、北欧のアイドルであるスクルド＆ヴァルキリーズがお送りするわっ！
この章の戦場の乙女は時代順に並んでるけど、最後に3人連続でロシアとか、その近くの子が並んでたのに気づいたかしら？　実はロシアって、ヨーロッパの「戦場の乙女」事情的に、かなり特殊な地域だったりするのよ。

　本書では、騎兵将校ナジェージダ、狙撃手リュドミラ、操縦士リディアという3人のロシア人、ウクライナ人女性を紹介した。このようにロシアはおそらく、人類の歴史上もっとも多くの「女性兵士」を戦場に送り出した国だと思われる。
　ロシアとその周辺に、多くの女性兵士がいた理由は、その社会制度にある。明治時代の日本がロシア帝国と戦った「日露戦争」の直後、ロシア帝国では革命が起きて帝室が排除され、「共産主義」という社会制度を採用した「ソビエト連邦」という国に生まれかわったのだ。
　共産主義者による革命は「全人類の平等」をかかげており、貴族と平民、地主と小作人のような旧来の支配構造を破壊し、誰もが平等になることを目指している。その壊されるべき支配構造のなかには、男性の家長を中心とした家庭の支配構造も含まれていた。つまり他国では家の仕事しかさせてもらえない女性が、社会に進出して男性と同じ仕事（例えば工場の職員や兵士など）をしやすい環境が、ソビエト連邦統治下のロシアやウクライナには存在していたというわけだ。
　もちろん、無条件に女性が戦場に受け入れられたわけではない。軍隊のなかには女性が戦場に出ることを嫌う者も多く、反対派の指揮官の部下につけられた女性は、戦場に出してもらえないこともあったという。

女性兵士を育てた「クラブ制度」

　ソビエト連邦で女性兵士が多く生まれたもうひとつの理由は、ソビエト連邦では普段から民間女性が軍事訓練を受けられる環境が整っていたところにある。
　ソビエト連邦では、いざというときに国民をすぐ兵隊にできるよう、趣味の一環としてさまざまな「クラブ活動」が行えるようになっていた。代表的なものは、射撃クラブ、パラシュートクラブ、飛行クラブなどである。これらのクラブ活動で腕を磨いたソビエト国民は、戦時には狙撃兵、落下傘兵、軍用機操縦手として軍隊に招集され、兵士としての訓練を短期間受けて、戦場に送り出されるのである。
　前述したように、リュドミラ・パヴリチェンコは狙撃クラブ、リディア・リトヴァクは飛行クラブの出身者である。ロシアの戦場に咲いた乙女たちは、男女平等、国民皆兵の思想が産んだあだ花だったのだ。

日本の乙女
maidens in Japan

　日本には、女性が武器を取って戦ったという記録が多く、多くの女武将、女武芸者の伝説が残っています。本章で紹介するのは、天皇の母である神功皇后から、激動の幕末を生きた山本八重子まで、厳選した11名の「戦場の乙女」たちです。

illustrated by 人外モドキ

巴御前

神功皇后
神のお告げで半島制圧
生没年：170～269　出身地：不明

夫亡きあとの皇家を支えた女帝

　日本は2000年以上の古い歴史を持つ「天皇家」をいただく国だ。その長い歴史のなかに、神秘的な力で朝鮮半島を征服したという女性の伝説がある。14代天皇「仲哀天皇」の妻、息長帯比売命である。後世で「神功皇后」という名前が贈られ、一般的にはこの名前で知られている。

　神功皇后は、聖徳太子が生まれる300年ほど前、3世紀ごろに活躍したとされる。幼いころから賢く美人で知られた彼女は、23歳と当時としては比較的遅い年齢で仲哀天皇のもとへ嫁いだ。夫の仲哀天皇が急死してしまうと、そのあとを継ぎ政治を取り仕切る。神功皇后が天皇に即位することはなかったが、その功績もあってか江戸時代までは神功皇后を"15代天皇"としていた、といわれる。

　彼女は政治だけでなく、軍事においても非凡な才能を発揮している。もっとも有名なのが、総司令官として朝鮮半島に出兵した「新羅征討」（三韓征討などとも）だ。この戦いで日本は、当時朝鮮半島にあった3つの国のひとつ"新羅"を降伏させ、朝廷に貢ぎ物をさせる契約を結んだという。

　なおこの新羅征討には「神功皇后に力を貸した神々が、大きな津波を起こして新羅を襲った」という信じがたい伝説がある。あまりのことに新羅の王は戦わずして降伏、さらには当時朝鮮半島にあったほかの国「高句麗」と「百済」も降伏。なんと神功皇后は一滴の血も流さず朝鮮半島を制圧してしまったのだ。

　朝鮮半島から帰国したあと、今度は天皇家の一族が神功皇后に反乱を起こした。彼女はこの反乱も鎮圧、69年もの長いあいだ天皇家の事実上のトップに君臨している。

有名だった？　神功皇后

　戦前、神功皇后は学校の教科書で紹介されたり、明治時代に初めて発行された紙幣のうち「1円札」に肖像画が描かれるなど、国民誰もが知っている存在だった。

　しかし、戦後になると教科書から神功皇后の名前が外されたこともあり、神功皇后の存在はそれまでと比べ非常に目立たなくなってしまう。なぜそんなことになったのか、くわしい理由は不明だが、神功皇后が行った新羅征討の物語、すなわち他国侵略の記述が、戦争の戦勝国にとって都合が悪かったからではないか、という説がある。

神功皇后様は、先帝の御子を妊娠したまま出陣し、腹に仕込んだ神秘の石で出産を3年間遅らせながら戦ったのだ。さすがは皇家の血筋に連なるお方、神のごとき行いもなさるのだな。

illustrated by aiha-deko

首を取るのに刃物はいらぬ
巴御前
生没年：不明（平安時代）　出身地：信濃国（現在の長野県）

怪力無双の女武者

ヨーロッパを代表する女戦士がジャンヌ・ダルク（→p26）なら、日本の女戦士の筆頭が「巴御前」であることに異論がある人は多くないだろう。彼女は平安時代の末期に活躍し、数々の伝説を残した、一騎当千、強力無双の女武将である。

源平の合戦を描いた物語『平家物語』によれば、巴御前は源氏方の有力な武士である木曾義仲の召使いで、肌の色は白く、髪は長い、たいそうな美女である。並みの男には引けないような強弓を扱い、武器を持てば鬼にでも神にでも立ち向かおうという猛将だという。戦争となれば気性の荒い馬をあやつり、上質な鎧を着て、義仲配下の有力な部隊長として1000人の部下を率いて活躍した。こうして立てた手柄の数は誰にも負けなかったという。

巴御前の武勇を語るうえで特筆すべきは、彼女が格闘術の達人でもあったことだ。あるとき、敵方の侍30騎が義仲たちを追ってきた。巴御前は単騎でその中に飛び込み、敵の大将と馬を並べて組み付き、素手で首をねじ切ってし

『巴御前出陣図』。江戸時代の大阪の浮世絵師、蔀関月の作品。東京国立博物館蔵。

まったというのだ。このほかにも、巴御前が馬に乗った状態で左右から攻められたので、敵の頭を両脇に抱え込み、これも一気にねじ切ってしまったという記述が見られる。

本書で紹介した戦場の乙女は、たいてい弓や薙刀、銃など、遠くの敵を攻撃できる武器を巧みに使って男たちを倒している。女性は男性よりも筋力に劣る傾向があるので、そのハンデを間合いの長さと技で補うのが女性戦士の基本である。だが巴御前の場合は、筋力や体格の違いが直接影響する格闘戦で、一流の武士たちを圧倒しているのだ。巴御前は男女の垣根すら越えた、天下無双の武勇の持ち主なのである。

巴御前の武勇伝

巴御前の主人である木曾義仲は、本名を源義仲という信濃国（現在の長野県）の武士である。彼は源氏の正統な血を引いているが、源氏内部の跡目争いから逃れるため、幼いころに木曽地方に預けられたので「木曾義仲」と呼ばれるようになった。

鎌倉幕府設立の11年前である1181年に、義仲は自分を討伐に来た平家軍4

万を相手に、わずか2000の手勢で戦って勝利している。この戦いが初陣だった巴は、いきなり7人の敵を討ち取って義仲の信頼を獲得。次の戦いから1000人の部下を与えられている。

　勝利の勢いに乗って京の都にのぼった義仲だが、都の治安維持に失敗し、源氏の頭領「源頼朝」に討伐軍を差し向けられてしまう。このとき巴は、頼朝の配下「畠山重忠」と一騎討ちして「義仲配下の四天王より強い」と驚かせたという。

　だが戦闘全体では、義仲は頼朝に敗れて逃走する。美人の巴を生け捕ろうと格闘戦を挑む者が多かったが、巴はこれらの相手をことごとく格闘戦で討ち取っている。その後も義仲の手勢が5騎に減るまで義仲を守り続けた巴だが、「女性に身を守らせて死んでは恥となる」と義仲に説得され、泣く泣く彼の元を離れたという。これは決して義仲の女性差別ではなく、義仲が巴を殉死させないために言った、愛情ゆえの発言だというのが、研究者のあいだでは有力な説となっている。

その後の巴御前

　義仲と別れたあとの巴がどうしたかは、書物によって異なる。『平家物語』では、北に落ち延びて尼になり、義仲を祭った寺「義仲寺」で供養に専念したという。

　『平家物語』と同じ時期の出来事を物語調に書いた『源平盛衰記』では、巴は源頼朝に捕らえられ、頼朝の部下「和田義盛」の妻となり、朝比奈義秀という猛将を産んで91歳まで生きたことになっている。しかし、『平家物語』と同時期の歴史をより正確に書いた歴史書『吾妻鏡』によれば、巴初陣のとき朝比奈義秀はすでに生まれているため、これは明らかに創作であろう。

巴御前と義仲の関係は？

　巴御前とはどういう出自の女性だったのか？　これも資料によって複数の説が提示されており、現在でも議論が活発である。

　もっとも有名なのは、義仲の義理の妹にして愛人という説だ。この説で巴は、義仲をひきとった武士の家に生まれ、義仲を兄と慕って一緒に暮らしていたという。

　駒澤大学名誉教授の水原一は、『平家物語』の「美女」という記述に注目する。これは「便女」の別表記で、小間使いの女性をあらわすという。この説が正しければ、巴御前は義仲が預けられた家の使用人ということになるかもしれない。

　また、富山県には「駒かけの松」という伝承がある。それによると木曾義仲は、戦場へ移動中、村娘に無礼な行いをした。怒った娘は義仲を馬ごと放り投げ、田んぼの向こうにある松の木に引っかけた。のちにこの村娘が義仲に仕えることになり、巴御前になったというのだ。現実性があるとはとてもいえないが、多くの武勇伝で飾られた巴御前の逸話として、思わず信じたくなってしまう話ではある。

す、素手で人間の首をねじ切るなんて、聞いたことがありません！
まるで人間ギロチンですね、こんなに強い女性を部下にしていた木曾義仲という方も、それはすばらしい武士だったのでしょうね。

強弓その手に仁王立ち
坂額御前

生没年：不明　出身地：越後国（現在の新潟県）

巴御前に並ぶ女武将

平安時代の末期に活躍した女武将「巴御前（➡p46）」は、戦場で活躍した数多い日本人女性のなかでもっとも有名な女武将だと断言することができるだろう。だが彼女と近い時期に、巴御前と並び称されるような勇ましい乙女がいたことは現代ではあまり知られていない。その勇名は、古くから勇ましい女性のことを賞賛するときに、「巴御前か、坂額か」という言い回しが多用されていたほどである。この「坂額」というのが、平安時代と鎌倉時代、ふたつの時代をまたにかけて活躍し、巴御前と勇名を分ける「坂額御前」だ。

坂額御前は、非常に肝っ玉の強い女性で、天下無双の武士たちを向こうに回してもまったくひるむところがなかった。それでいて顔立ちは美人で、鎌倉時代の歴史書

江戸〜明治時代の浮世絵師、月岡芳年が描いた坂額御前。

『吾妻鏡』には、後宮（皇帝の愛妾を住まわせる館）にいても違和感がないほどだと書かれている。『吾妻鏡』には記述はないが、後世の伝承によると身長が6尺2寸（約188cm）もあったと伝えられている。この伝承は坂額御前の兄である城長茂が「身長7尺（約212cm）の大男」だったことから連想して作られた後付の設定だと思われるが、もし本当なら、スーパーモデルのような長身の美女だったということになる。

戦場においては弓の達人で、その腕前は父や兄すら上回っていたという。特に坂額御前の兄は、平家滅亡のときに「その弓の腕前を惜しまれて、命を助けられた」ほどの達人だったから、その兄を上回る腕前だった坂額御前は、「女の割には」などというおためごかしではなく、超一流の腕前だったと推測できる。

百発百中の弓で幕府軍を苦しめる

坂額御前は、平家方の武士である「城」家の娘として生まれた。城一族は、平家が源平の合戦で敗れたとき、源氏方の重臣「梶原景時」の助力によってお家断絶を免れた家だ。その後、鎌倉幕府の初代将軍「源頼朝」が亡くなると、その側近だった梶原景時は失脚して追放のうえ、敵対派閥に一族そろって殺されてしまう。これを知った城一族は、梶原景時の仇を討って恩を返すため、そして平家の再興を目指して、京の都と、城一族の領地である越後国で、2ヶ所同時の反乱を起こしたのだ。

甥とともに地元越後での反乱を任されていた坂額御前は、当時の少年のように髪を結い上げて、胴鎧をつけた姿で幕府軍の前にあらわれた。彼女はひとり矢倉の上に立つと、敵の矢を防ぐための盾に隠れて、その隙間から弓を撃ち始めたのだ。その腕前は百発百中で、威力も高く、矢が当たった者はかならず死んだとまで書かれている。

　坂額御前らが籠もっている鳥坂城は山城である。上り坂の先に櫓(やぐら)が建っていて、上から必中の矢が降ってくるという最悪の条件であり、幕府軍はなすすべもなかった。そこで幕府軍は、背後からの攻撃で坂額御前を倒すことにする。腕自慢の武士が秘密裏に背後の山に登り、坂額御前の櫓より高い位置から彼女を狙い撃ちにしたのである。鎌倉時代の戦は、おたがいに名乗りをあげて、正面から腕を競うのが作法だった。名乗りもあげずに死角から射殺すのはたいへんな恥であり、逆にいうとそれを幕府に決意させてしまうほど坂額御前が強かったということになる。

　このあっぱれな女武将を奇襲で殺してしまうことに罪悪感を感じたのか、策の実行を任された源氏の武将は、坂額御前の心臓ではなく両太ももを撃ち抜いた。こうなってはさすがの坂額御前も戦い続けることができず、そのまま捕らえられてしまった。城一族の希望であった坂額御前が生け捕られたことで城一族は総崩れとなり、反乱は鎮圧されてしまったという。

坂額御前のその後

　幕府軍に捕らえられた坂額御前は、矢傷も癒えないうちに将軍のもとに引き立てられたが、ひるまず毅然とした態度であった。坂額御前は辺境への流罪(るざい)とされたが、これに待ったをかけたのが幕府方の弓の名人、「阿佐利義遠(あさりよしとお)」だった。坂額の勇ましさに惚れこんだ彼は、流罪にするなら自分の妻としてもらい受けたいと願ったのだ。「彼女なら丈夫な子供を産むだろうから、朝廷と幕府のお役に立てる」という阿佐利に対し、将軍は「いかに美人とはいえ、そのような勇ましい女をかわいく思えるのか」とからかったという記録が残っている。その後、坂額御前は歴史から姿を消してしまった。

坂額御前はブサイク!?

　前述したとおり、歴史書『吾妻鏡』には、坂額御前は皇帝の妻にふさわしい美人だと伝えている。ところが後世の伝承では、この記述が無視される傾向があるのだ。例えば江戸時代の代表的な史書『大日本史』では「容貌鹿醜（顔が粗末で醜い）」とされ、ほかにも「醜而多力善射（醜いが力持ちの弓名人）」とか「容貌醜黒（色黒で醜い）」などと、後年に書かれた書物になるほどに、散々な言われようとなっている。

　これは『吾妻鏡』の漢文表記「可醜陵園妾」が、「陵園の女よりも、さらに醜い」という意味だと誤読されたことが原因である。本来この表記は「陵園の女でさえ醜いというべき顔立ち」と読むのが正しい。坂額御前は間違いなく美女だったのである。

身長188cmといえば、現代の女子バレーボールで日本代表になれそうな体格だ。鎌倉時代の日本人男性の平均身長は160cmくらいだったそうだから、天を突くような大女に見えただろうね。

薙刀と女性

日本の戦場で活躍した女性には、グレイヴ……日本では「なぎなた」と言いましたか？　これを使う女性が妙に多いのですね。日本の女性は剣や槍は使わないのですか？

ああ、たしかに。女性が持つ武器といえば薙刀だな。戦国の世ではどうだったかわからないけど、自分たちの「幕末」という時代では、「薙刀」といえば婦女子の手習いのひとつだったんだ。

　日本において「女性が持つ武器」といえば薙刀だろう。競技者の多くが女性である「なぎなた」という武道があることも、このイメージを裏付けている。
　薙刀はもともと戦場で男たちが使う武器で、特に室町時代前期などに歩兵用の武器としてさかんに使われた。だが戦国時代、歩兵の戦い方が「密集しての集団戦」に変わると、勢いよく振り回す薙刀は味方に当たるため使いにくくなり、歩兵が持つ武器は突くだけで敵を倒せる長槍に変わっていった。
　女性がおもに薙刀術を学ぶようになったのは、江戸時代になってからである。薙刀は、リーチが長いため敵の刀が届かないところから攻撃できること、非力でも振り回せば威力が出ることから、女性の護身用武器に最適だったのだ。そのため女性でも振り回せるよう、室町時代より短めの柄と小さく軽い刀身の薙刀がさかんに作られた。現存する薙刀のほとんどは、このような女性向けの薙刀である。

伝説の達人「園部秀雄」

　薙刀を持った女性というのはどのくらい強いのだろうか？　その究極の解答が、明治から昭和にかけて活躍した薙刀の達人、園部秀雄という女性である。
　園部は93歳で亡くなるまで数百回の試合をこなしたが、わずか2回しか負けたことがなかったという。しかも数え切れない勝利のなかには男性相手の試合が多数含まれており、当時の名のある男性剣術家たちを次々と破っているのだ。現在も日本でもっとも権威がある武術の総合大会「武徳祭大演武会」では、第1回から第6回まで6連続優勝するという偉業をなしとげている。なぜだろうか？
　「剣道三倍段」という言葉がある。これは、剣道と空手の有段者が戦う場合、空手家が勝つには剣道家の3倍の段位が必要という意味だ。この言葉自体は俗言にすぎないが、実際の武道でも、敵より長い武器を正確に扱えるなら非常に有利なのだ。ただし、園部が試合で打ち破った相手のなかには男性槍術家も含まれていたから、園部がリーチ頼みの武芸者ではなく、本物の達人であることもまた事実だ。

6回連続日本一……と、トレビアン！
アテナ様、園部さんがすごすぎて、日本の女性のなぎなた術が、どのくらいすごいのかわかりません！

そ、そうですね……きちんと修練を受けた女性なら、押し込み強盗や素浪人を追い返すくらいはできます。戦国時代には、籠城戦で薙刀を使って活躍した武家女性も多数いるので、実戦でも強かったようですよ。

水軍率いたお姫様
鶴姫
生没年：1526?〜1543?　出身地：伊予国（現在の愛媛県）

自軍のピンチに大奮起

　広島県と愛媛県のあいだ、瀬戸内海に浮かぶ「大三島」。この島にある大山祇神社には、ある女性が身につけていたという鎧が今も残されている。その鎧を身につけていたという女性の名は大祝鶴、通称は鶴姫という。水軍を率いて戦った若き女傑だ。

　室町時代末期。鶴姫は、大三島周辺を統治した「三島水軍」の総大将であり、大山祇神社の神職でもあった大祝安用の娘として生まれた。幼いころから兄たちに混ざって武芸を学び、さらには軍を指揮するための兵法も学んでいたという。

　鶴姫が16歳になったときのこと。大三島に、中国地方一帯を支配する大大名「大内義隆」の軍勢が攻めてくる。鶴姫の父はすでに病死しており、軍事的な部分は鶴姫の次兄が継いでいた。三島水軍は、近隣の水軍と手を結んで大内軍を迎撃するが、大内の船団の数に圧倒され、指揮官だった次兄は戦死してしまう。

　この事態に、鶴姫はみずから水軍の指揮を執る。父の形見の鎧を身につけ、薙刀を振って敵兵に突っ込んで戦った。この勇ましい鶴姫の姿を見た三島軍の兵士は「オオヤマヅミ（大山祇神社に祀られる神）の化身のようだ」と奮い立ったという。

　鶴姫の奮戦もあり、大内軍は退却するが、大内の船団はその後も数度にわたって大三島へと侵攻してきた。鶴姫はそのたびに弓矢などの武器を手に戦ったが、ある戦いで鶴姫の恋人だった武将が戦死してしまう。あまりのことに鶴姫は悲しみ、小舟でひとり海に出て、そのまま戻ることはなかった。まだ18歳という若さだった。

　この鶴姫の伝説は、大山祇神社の社伝『大祝家記』に書かれたものであるという。のちに大祝家の末裔、三島安精が鶴姫を題材にした小説を発表したこともあり、鶴姫伝説は広く知られることになった。

鶴姫が着た？　紺色の鎧

　鶴姫が身につけていたという鎧「紺糸裾素懸威胴丸」は、"胸の部分が膨らみ、胴の部分がくびれた"特徴的な形をしている。この鎧を所蔵している大山祇神社ではこの鶴姫の鎧を"日本に現存する唯一の、女性用の鎧"としている。

　この鎧を巡っては「女性用とは限らない」とする意見も存在するが、仮に鶴姫のものでなかったとしても、その美しい外見や歴史的価値が失われるわけではない。

鶴姫の実家である大山祇神社には、現存する日本の国宝、重要文化財級の武具の8割が収蔵されている。そのため大三島を「国宝の島」と呼ぶこともあるそうだ。これは日本という国の武の極みだな。

銃後の備えは女におまかせ
井伊直虎＆立花誾千代

生没年：不明〜1582 ／ 1569〜1602　出身地：遠江国（現在の静岡県）／豊後国（現在の大分県）

戦国の乱世を生きた女城主たち

　室町時代の中ごろ、1467年。日本を二分する戦乱「応仁の乱」が発生し、日本は「戦国時代」と呼ばれる戦乱の時代に入っていく。戦国時代はこの「応仁の乱」が起きたころから、織田信長が室町幕府を消滅させた1573年までをあらわす時代だ。

　戦国時代の日本には無数の城が建築された。城主はもちろん男性であるのが常識だったが、わずかに女性の城主もいたようだ。「井伊直虎」と「立花誾千代」は、それぞれ特別な事情から歴史に名を残した女性城主である。

赤備えの名将を育てた中継ぎ当主

　井伊直虎は、遠江国（現在の静岡県）の一部を統治し、井伊谷城という城を有する地方領主「井伊氏」の家に生まれ、次郎法師と名付けられた。井伊本家には後継ぎの男子がいなかったため、次郎法師に分家の男子を婿入りさせて当主にすることになっていたが、このあと井伊家には嵐のように不幸が押し寄せる。

　まず、次郎法師に婿入りするはずだった井伊直親の父が、仕えていた今川家に謀反を疑われて自害。息子の直親が身を隠したため婚約は解消となり、次郎法師は出家して尼になってしまった。その後も有名な「桶狭間の戦い」で、次郎法師の父が織田軍に討ち取られて戦死。身を隠していた元婚約者の直親が復帰して井伊家を継ぐが、その直親も今川家に処刑されてしまった。

　次に井伊家の当主となるべきは、元婚約者の直親が、身を隠しているあいだに別の女性に生ませた子供「虎松」だったが、虎松は当時わずか2歳。やむなく虎松が家督を継ぐまでの中継ぎとして、次郎法師が「井伊直虎」と名前を変え、井伊氏の女当主として井伊谷城を預かることになったのだ。

　直虎は城主としてきわだった才能を示したわけではない。井伊氏を敵視する今川重臣の謀略で城を奪われ、徳川家に寝返って城を奪い返したあとは、武田信玄の軍勢に城を攻め落とされている。だがそんな苦難のなかでも、跡継ぎである虎松の養育には手を抜かなかった。直虎の厳しい教育で育った虎千代は、徳川家に仕官するとすぐ才能を発揮し、徳川家の勇猛な武将として名を馳せる。彼こそ家康最強の部下「徳川四天王」の最年少である「井伊直政」その人だ。

　直政の軍団は、軍装を赤い鎧で統一していたことから「赤備え」と呼ばれ、決して後退しない勇猛な部隊としてその名をとどろかせた。直虎の最大の武勲は、この直政を育てたことだと言っていいだろう。

家督は絶対渡さない

直虎の尼としての名前は「祐圓尼」という。しかし一般には、56ページで紹介した「次郎法師」という名前のほうが有名だ。この名前は、井伊家当主の通称である「次郎」と、出家者をあらわす「法師」を組み合わせたとも、井伊家で代々使われている、家の跡取りにつけられるふたつの名前をつないだものだともいう。

直虎が出家したのは、結婚をしないためだった。主君である今川家の重臣に当主を立て続けに忙殺された井伊家は、他家から婿をとらされる恐れがあった。ここで今川本家の男を彼女の夫にすれば、井伊家は完全に今川家に乗っ取られてしまう。彼女はそれを防ぐために出家して尼になったのだ。

勝ち気な天才女武将「立花誾千代」

先述した井伊直虎は、お家のやむなき事情で女城主となったが、もうひとりの女城主、立花誾千代の場合は事情が異なる。彼女はその才能と血筋ゆえに城を与えられた、正真正銘の女武将なのである。

誾千代の父は、天下の名将「立花道雪」。九州北東部の大友家に仕え、合戦を37度戦って負け知らず、雷を切ったという伝説を持つ戦国時代屈指の指揮官である。

誾千代は道雪が56歳にして初めて得た子だったため、道雪は彼女を溺愛し、跡継ぎとして教育した。そして1575年、有名な「長篠の戦い」で織田・徳川連合軍が武田の騎馬隊を破った年に、道雪は主君の許しを得て、自分の居城である九州北部の要衝「立花城」の城と領地を、正式に娘の誾千代に相続したのだ。

父の薫陶を受けて、彼女は武芸に秀でた美しい姫として成長していく。また、城の女中たちを訓練して女性部隊を編成し、その訓練された一斉射撃は味方の武将が驚くほどだったという。だが困ったことに、誾千代は気の強さまで父から譲りうけてしまった。道雪は同じ大友氏に仕える名将「高橋紹運」に強引に頼み、その息子「宗茂」を養子として誾千代の夫にしたのだが……宗茂ものちに日本屈指の名将となる人物で、ふたりは夫婦というよりは過激なライバル関係になり、夫婦仲はよくなかったという。その後夫婦は別居状態となり、誾千代が宗茂の子供を産むこともなかった。

誾千代の武勲は、徳川家康が天下を取った「関ヶ原の戦い」のときに立てられた。誾千代は、西軍の武将として近畿地方に遠征した宗茂のかわりに居城「柳川城」の守備についたが、東軍方に寝返った武将が、九州で西軍方の城を攻め始めたのだ。ここで誾千代は、城に籠もって夫の帰りを待つのではなく、甲冑を着込んで海岸に出撃。敵の兵士を乗せた船を鉄砲で迎撃して、敵を柳川に近づけさせなかったという。

その後、徳川家康に降伏した宗茂は浪人となったが、誾千代は夫に伴うことなく、戦後に預けられた農家で病死する。34歳の若さであった。

> 誾千代殿の「誾」という字には、「和らぎ慎む」という意味がある。道雪殿が彼女にどのように育ってほしかったかが透けて見える名前だが……実際には慎むどころではない女傑になってしまったようで……。

illustrated by えめらね

敵兵3万、なにするものぞ
甲斐姫

生没年：1572?〜不明　出身地：武蔵国埼玉郡（現在の埼玉県行田市）

「美」と「勇」を兼ね備えたお姫様

　時は群雄割拠する戦国時代、現在の埼玉県北東部の大名、成田氏長に娘が生まれた。のちに東国一の美女と呼ばれ、男に負けぬ武勇と采配を持つ女傑、甲斐姫だ。

　1590年、甲斐姫が19歳のとき。ときの天下人「豊臣秀吉」は、天下統一の最後の仕上げとして、関東の大名「北条氏」を攻撃する。成田氏は北条氏と同盟を結んでいたため、成田氏の居城「忍城」にも秀吉の右腕、石田三成の軍勢が押し寄せた。石田軍3万に対して忍城の軍勢はわずか300、しかも城主の氏長は北条氏の援軍に出ていたため、城を預かるのは氏長の妻と、娘の甲斐姫だけだった。

　この絶体絶命のピンチに、甲斐姫たちは籠城戦と知恵で対抗する。まず偽の兵士や多くの旗を配置し、忍城の兵は多いと思わせた。石田三成が力技で攻めても、忍城には狭い道や沼が多く、思うように進めない。甲斐姫はそこを攻撃し石田軍を撃退したのだ。ならばと三成は巨大な堤防を作って忍城を水攻めにするが、もともと沼地にある忍城には効果が薄く、甲斐姫は城の池で船遊びをして石田軍を挑発する有様だった。さらには豪雨で堤防が壊れ、逆に石田軍のほうが損害を受けてしまった。

　忍城を落とせない石田軍に増援がやってくると、今度は甲斐姫みずから出陣。烏帽子の形をした兜、薄い桜色の鎧、深紅の陣羽織、薙刀と成田家伝統の名刀「浪切」を携えて指揮をとり、敵の大軍を翻弄する。また、甲斐姫自身の武勇もすさまじいもので、一騎討ちを挑んできた若武者を弓矢一射で倒し、押し寄せる敵は薙刀で次々に斬って捨てた。その武勇は一般兵士だけでなく、敵将も逃げ出すほどだったという。

　その後も忍城は落ちなかった。だが同盟の盟主である北条氏が秀吉に降伏したため、成田氏はそれに従って、堂々と難攻不落の忍城を明け渡したという。

天下人の側室に

　北条氏の降伏後、成田氏も豊臣に降伏。甲斐姫の美貌と武勇を気に入った豊臣秀吉は、彼女を側室に迎え入れた。一説では、秀吉の側室のひとり淀殿と親しくなり、彼女の息子である秀頼の養育係になったともいわれている。

　その後、大阪夏の陣で豊臣家が滅びると、甲斐姫は秀頼の側室の子供と一緒に城から逃げ延び、鎌倉の東慶寺で尼僧となって余生を過ごしたという。

100倍の敵を退け、個人としても無双の武勇ということで、甲斐姫の武勇伝はあくまで、作り話だとする説が根強い。……ん、事実はどうなのかと？　君の想像に任せよう。そのほうがおもしろいではないか。

色気を武器に潜り込め！
望月千代女

生没年：不明（16世紀）　出身地：近江国甲賀（現在の滋賀県）

くノ一たちを育てた忍者教官

　大名が戦国時代を生き残るには、あらゆる情報を速く正確に入手することが重要になる。そのため戦国時代は「忍者」が大活躍した時代だった。本項で紹介する望月千代女は、甲斐の名将「武田信玄」に仕え、歴史に名を残した数少ない女忍者だ。

　望月千代女は、忍者集団「甲賀忍者」の有力な家「望月氏」の娘として生まれ、千代女と同じ姓を持つ信濃国（長野県）の武将「望月盛時」に嫁いだ。望月盛時は武田信玄の甥だったが、有名な「川中島の戦い」で戦死してしまう。すると信玄は千代女に、女忍者の育成機関「甲斐・巫女道修練場」の長になることを命じたのだ。

　武田信玄が千代女に育てさせたのは「歩き巫女」と呼ばれる諜報員である。当時の日本ではあちこちに関所が設けられ、人の通行が制限されていたが、巫女は呪術や祈祷、舞などを糧に生活する放浪の芸人のような扱いを受けており、簡単に関所を通ることができた。そこで信玄は、身寄りのない美少女を全国から集め、千代女に巫女と諜報員としての技術を教え込ませると、日本中に派遣したのだ。

　歩き巫女たちはその美貌を活かして敵方の商人や武将に接近し、情報を集めた。なかには敵武将の側室に収まった者もいたという。望月千代女はこうして集めた情報を整理し、武田信玄に報告していた。戦国最強とも称される武田家の強さの一翼は、女の魅力を武器にした、千代女の歩き巫女たちが担っていたのだ。

「くノ一」とは何か？

　一般的に女忍者のことを「くノ一」と呼ぶが、この言葉の由来は江戸時代初期に描かれた忍術の秘伝書『万川集海』にさかのぼる。この本には、「久ノ一の術」という忍術について解説されており、

「久ノ一の術とは、3文字を1字にした者が忍び入ることをいう。"たぢから"は入りにくいところに忍び込むとき、この術を使うべきである」と記されている。

　久ノ一とは女、たぢからとは男のことである。つまりくノ一の術とは、女を武器に必要な場所に潜り込み、情報を集める術なのである。「くノ一」が術の名前ではなくは女忍者の隠語として一般化したのは、作家の山田風太郎が「久」の字にひらがなの「く」の字を当て、「くノ一」と呼んだことなどが原因と思われる。

いまでこそ「くノ一」、すなわち女忍者という存在は広く知られるようになっているが、実際のところ、歴史に名を残した女忍者はこの千代女さんくらいしかいない。やはり忍者は影に生き、影に死すということかな。

千葉道場の鬼小町！
千葉佐那
生没年：1838〜1896　出身地：江戸（現在の東京都）

坂本龍馬の江戸の恋人

　幕末の日本を駆け抜け、この国の新しい姿を描いてみせた英雄、坂本龍馬。彼の女性の好みは「男勝りな強い女性」だった。龍馬の妻といえば、京都の町医者の娘である「お龍」が有名だが、彼にはもうひとり婚約者がおり、その女性は本書で紹介するにふさわしい達人級の武芸者なのだ。彼女の名前は千葉佐那。現代剣道の基礎を作った江戸末期の剣豪、北辰一刀流開祖「千葉周作」の姪である。

　彼女の人となりについて知るには、恋人の生の声を聞くのがもっともよいだろう。坂本龍馬が故郷の姉「乙女」に送った手紙には、以下のような内容が書いてある。
「この人はお"さな"さんと言って、昔の名前は"乙女"だそうです。今年で26歳になります。馬術が巧みて、剣術や薙刀も得意で、力はそのへんの男性より強いのですよ。顔は地元の幼なじみよりもやや美人といった感じ。琴の腕前は免許皆伝て、さらに絵も得意なのですよ」

　龍馬は惚れた女性のことをベタ褒めする傾向があるが、外見についてはやや辛口の評価である。佐那の叔父、千葉周作の手記によれば、佐那は近所でも評判の美人で、剣の達人もあることから「千葉の鬼小町」の異名で有名だったという。

龍馬との愛と別れ

　土佐藩士（現在の高知県）の龍馬が江戸の佐那と知り合えたのは、龍馬が藩からの命令で江戸に駐在していたからだ。剣の修行のために入門した千葉道場で龍馬は佐那のとりこになり、彼女に恋心をうちあけて結婚を約束したと思われる。

　佐那は愛する龍馬のためにかいがいしく尽くし、龍馬が藩を抜けて浪人になったあとも暖かく彼を迎えたほか、龍馬のために江戸城に忍び込んで将軍「徳川慶喜」の日記を盗み出したことすらあるというから驚きだ。

　だが、その後龍馬は政治活動のために京都にのぼり、上述した「お龍」を愛して佐那とは疎遠になり、1867年には暗殺されてしまう。叔父、千葉周作の遺稿によると、佐那はその後も貞操を固く守り、終生独身を通したという。ただし近年の調査で、1903年の新聞に、佐那が別の男性と結婚していたという記事があることが判明した。だがその男性は浮気性だったため、結婚生活は10年で破局してしまったという。

晩年の佐那殿は、千葉道場の家伝の針灸を活かして、千葉灸治院という診療所を作って生活の糧にしていたらしい。……そうか、戦いだけではなくて、戦いが終わった後のことも考えなくちゃいけないのか……。

動乱の世を駆けた女性剣士たち
中沢琴&原五郎妹女

生没年：1840?～1927 ／不明　出身地：上野国（現在の群馬県）／不明

"新徴組"の女性隊士:中沢琴

　幕末。この動乱を駆け抜けた剣豪集団に「新撰組」がある。ここで紹介する中沢琴と原五郎妹女は、この新撰組と縁の深い女性剣士たちだ。

　そのうちのひとり中沢琴は、新撰組の兄弟組織といえる「新徴組」に参加した女性剣士だ。「新徴組」とは、一言で言うならば"新撰組の江戸版"で、江戸の見回りや敵対勢力の鎮圧を行っていた組織である。新撰組といえば"浅葱色の陣羽織"が有名だが、新徴組は赤い陣羽織を着ていたと伝えられている。

　琴は剣術道場の家に生まれた。身長が約170㎝と背が高く、顔立ちの整った美人であった。兄と一緒に父親から剣術を習い、特に薙刀の腕前は父に並ぶほどだった。

　13代将軍「徳川家茂」の時代、新徴組の前身「浪士組」への募集が行われると、琴は男装して兄に同行、なんとそのまま浪士隊に参加した。しかしその後、浪士組は「新撰組」と「新徴組」のふたつに分裂してしまう。中沢琴は新徴組に参加、ほかの隊士たちとともに江戸を見回り、敵対勢力への襲撃にも参加したという。

　のちに、明治政府と旧幕府方の反政府軍のあいだで起こった「戊辰戦争」のときも、琴は反政府軍として参加した。庄内（現在の山形県）の戦いで敵に囲まれたときは、敵兵2、3人を斬って突破するという武勇伝も残している。

　琴はこれらの激戦の世を生き抜き、兄とともに故郷に帰って余生を過ごしたという。美人であった琴には求婚者が多かったが、武勇に優れた彼女は自分より弱い男と結婚するつもりはなかった。結局彼女を倒せる男はあらわれず、琴は生涯独身だったという。

絵巻に息づく女性:原五郎妹女

　もうひとりの女性「原五郎妹女」は、新撰組隊士の中島登が描いた『戦友絵姿』という絵巻物に登場する。たすき掛けをした着物にハチマキ姿で、刀で敵の首を斬り飛ばしている勇ましい彼女の姿が描かれている。

　絵巻には、"会津藩出身で17歳である"と読み取れる記述があるが、それ以上のことはわからず、そもそも彼女が何者なのか、「原五郎妹女」という名前の読み方すらもわかっていないのだ。絵巻物が『戦友絵姿』という名前であることから「戦友＝新撰組隊士」という可能性もあるが、それを裏付ける証拠もないのである。

けっきょく原五郎妹女さんって何者なのでしょうね？「妹女」とつくからには、原五郎さんという方の妹なのではないかと思いますけれど、新撰組の隊士に原五郎という方は見つからないそうですし。

四つの時代を駆け抜けた才女
山本八重

生没年：1845～1932　出身地：陸奥国会津藩（現在の福島県）

白虎に劣らぬ会津女の心意気

　幕末から明治へ移りゆく時代のなか、徳川幕府に与する勢力が最後の抵抗を行った「戊辰戦争」。この戦いのなかでもっとも有名な戦士たちは、年末年始のドラマでおなじみの、会津藩の少年兵部隊「白虎隊」だろう。しかし、会津藩の最期の地、鶴ヶ城を守ったのは、彼ら少年たちだけではなかった。炊事や怪我人の看護といった後方支援だけでなく、女だてらに薙刀を持ち、前線で戦った女性もいたのである。

　そうしたなかに、男装に断髪、腰に大小の刀を差し、7連発の洋銃を携えて狙撃に砲撃と活躍した若き女武者がいた。大河ドラマ『八重の桜』の主人公として知られるようになった彼女は、会津藩砲術師範役「山本覚馬」の妹、山本八重という。

　八重は先進的な家風の山本家に生まれ、砲術や蘭学に秀でた兄の影響を受けて育った。そのためか彼女自身も砲術に長けており、会津藩の男子に銃の扱いを教えたといわれている。体型は丸々と太っており、13歳にして重さ60kgの俵を楽々と肩まで持ち上げる怪力を持ち、父親に「男であったら」と言わしめる男勝りの少女であった。のちに八重の夫となった新島襄は、八重のことを「ハンサム・ウーマン」と、アメリカ留学帰りならではの表現で賞賛している。

籠城を支える女砲撃手

　1868年、京都で幕府軍と新政府軍の戦闘「鳥羽・伏見の戦い」が発生し、会津藩を含む幕府軍が敗北。八重の兄、覚馬は捕虜となり、弟の三郎が戦死してしまう。破竹の進撃で東に進む新政府軍に、江戸幕府の徳川慶喜は降伏を決断。だが新政府軍は銃をおさめず、幕府派の中心だった会津藩と庄内藩を「朝敵（天皇の敵）」に認定して東北へ攻め込んできたのだ。八重が24歳のときであった。

　鶴ヶ城下に攻め込んできた新政府軍に対して、会津藩士は徹底抗戦の構えをとる。八重は長かった髪を短く切り、弟の形見の装束を身につけ、大小の刀と愛用の7連発スペンサー銃をかつぎ、腰に100発の銃弾を巻き付けた姿で籠城戦に参加した。弟の仇を討ち、主君のために命をかけて戦うことが、八重の望みだったのである。

　この籠城戦では結果的に多くの婦女が薙刀などを持って戦闘に参加し、娘子隊と呼ばれた。だが婦女の中で最初に戦闘に参加したのは八重である。彼女は籠城初日にさっそく作戦に参加。夜闇に乗じて城外に出て、新政府軍に連発銃を撃ちかけて奮戦したという記録が残っている。また、場内では大砲をあやつって、敵の大砲陣地に反撃を撃ち込み、一時その大砲陣地を沈黙させる戦果をあげている。

illustrated by チーコ

この籠城戦で、八重の肝っ玉の太さがよくわかる逸話が残されている。当時の会津藩や幕府軍は武装が旧式化しており、西洋産の新式装備を有する新政府軍に技術力で負けていた。籠城中、会津藩主の松平容保（かたもり）が八重に対して、新政府軍が打ち込んでくる西洋式大砲の説明を求めた。すると八重は、敵が撃ち込んできた砲弾から不発だったものを持ってきて、藩主の目の前で分解し、仕組みを解説してみせたのだ。現代でも不発弾が発見されると大騒ぎになるように、本来不発弾とは非常にデリケートなもので、扱いを間違えれば爆発してしまうのだ。それを藩主の目の前で堂々と分解して見せた、八重の知識と胆力は並外れたものがある。

　だが八重たちの奮戦もむなしく、籠城開始から1ヶ月で会津藩は降伏し、鶴ヶ城は開城、藩士たちは天皇に対する謀反人として捕らえられた。婦女子にはその罪は及ばなかったのだが、八重は男装をしたまま弟の名前「山本三郎」を名乗って、みずから捕虜としての処遇を求めたという。

　その後、結局男装を見破られ、おとがめなしとなった八重は生き延びる。この戦いで藩を離れていた夫と離縁し、父親や銃を教えた少年藩士たちと死に別れ、多くを失った八重は、母や姪とともに、農作業の手伝いや村の子供たちに読み書きを教えて暮らす日々を送ることとなった。

時代は戦争から教育へ

　戦士、技術者としての八重の人生は、会津藩の消滅とともに終わりを告げた。だが、彼女の人生はこれからが本番だった。八重は銃弾が飛び交う戦場ではなく、教育の場を新たな活躍の舞台に選ぶことになるのだ。

　もともと八重は新し物好きで好奇心旺盛な性格である。新政府軍の捕虜になっていた兄の覚馬が、その才能を惜しまれて京都府の顧問として働き始めると、八重は兄を頼って京都に赴き、学問に対する素養を発揮しはじめる。彼女はできたばかりの女学校「京都女紅場」で教師として働く一方、兄の知人であるアメリカ帰りの日本人宣教師「新島襄」と結婚。キリスト教徒「新島八重」となって、日本で初めてキリスト教式の結婚式をあげた女性となった。

　襄と八重、兄の覚馬の目標は、日本でキリスト教精神にもとづく教育を実現させることだった。あまりに急進的な活動に八重は京都女紅場を解雇されてしまうが、めげることなく活動をつづけ、ついに京都の薩摩藩邸跡地に「同志社英学校」という私学校を開校する。のちの同志社大学である。同志社からは多くの学者、企業家、文豪、政治家が育ち、八重夫婦の理想どおり日本を支える人材が巣立っていった。

　開校から15年後、夫の襄は48歳で死去。八重は夫の遺志を継いで同志社の発展に努める一方、日本赤十字社のメンバーとなって、日清戦争、日露戦争には看護婦として従軍した。そのため八重は、日本のナイチンゲールと呼ばれたことがある。

文献によって、自分の名前は「八重」だったり「八重子」だったりする。実は私のころは、女性の名前の「子」は定型句みたいなもので、つける表記とつけない表記の両方を使うことがめずらしくなかったんだ。

アジアの乙女
maidens in Asia

　西は中東地方から東は中国、東南アジアまで、アジアにはさまざまな人種、社会構造を持つ多彩な民族が暮らしています。この章で紹介する9名の「戦場の乙女」は、地域性を重視し、アジアの東西から幅広く選ばれたものです。

illustrated by 人外モドキ

ウンニ・アルチャー

マサカリかついだ戦う王妃
婦好（ふこう）

生没年：紀元前13世紀頃？　出身地：殷（現在の中国）

中国最古の王妃将軍

　人類史上最古の女将軍とは誰か？　記録に残されていない女指揮官はいくらでもいたはずだが、文字の記録に残されている女指揮官となると、3300年前、中国の古代王朝「殷」の時代に生きた「婦好」という女性が、最古の部類に入ると思われる。

　婦好は、殷王朝の第22代目（23代目とも）の王である武丁の妻だ。殷王朝といってもピンとこないかもしれないが、日本でも有名な中国の小説『封神演義』が、滅亡寸前の殷王朝を舞台にしているといえばイメージが沸くだろうか。

　彼女は武丁王が娶っていた3人の正妻のなかでもっとも才能があり、もっとも寵愛を受けていたとされる。彼女の活躍していた時代はおよそ紀元前13世紀ごろ。武丁自身も衰退し始めた殷王朝を立て直そうとした賢帝で、高宗とも呼ばれている。

　婦好が最古の女将軍だとされるようになったのは、殷王朝の遺跡から婦好の墓が発掘されたからだ。墓からは「甲骨文」という古い文字で書かれた婦好の業績文が発見され、それらによると、武丁王は婦好を呼んで「土方」と呼ばれる隣接する強国を討伐させたという。さらに、遊牧民の羌人を討伐するときには婦好の領地から兵士3000を徴兵し、さらに兵1万を加えて派遣したとしている。さらに、彼女の墓からは大ぶりな斧が発掘された。これは鉞といって、武器というよりは、軍隊の指揮権を持つ証明として王から家臣に与えられるものなのである。

占いもする多才な戦姫

　武丁王が婦好を寵愛したのは、軍事の才能だけが理由ではない。彼女は占いにも通じており、王の求めに応じて占いを行ったり、祖先や天神を奉る儀式も行っていた。功績に応じた領地を与えられたり、妊娠した子供の性別を占うなど、夫婦仲がよかったと思える記録が多数残っている。

　ただし、婦好とは個人名ではない、という説もある。殷王朝の王には複数の王妃と王子と姫、さらに王子の妻がいたが、名前はあまり記録に残っておらず、子某、婦某のように記述されており、「婦」と書かれる人物には王子の妻まで含まれていた。彼女らの中には男女がともに武器を取って戦う遊牧民族の王女もおり、殷王朝は彼女の部族を同盟軍として徴発し、戦いに投入したのだ、ともいわれている。

王様が健在なのに王妃様が軍を率いるなんて、私たちの時代には考えられないことですね。かといって中国に女性の将軍が多かったわけではないようですし、婦好さんはよほど才能があったのでしょう。

illustrated by はんぺん

切り札は弓より知略
王異（おうい）

生没年：不明（2～3世紀）　出身地：涼州漢陽郡（現在の中国北西部 甘粛省天水市）

『三国志』唯一の女戦士

　かつて中国では、劉備、曹操、孫権という3人の英雄がそれぞれの国を建て、中国の覇権をめぐって争った時代があった。この時代を「三国時代」、三国時代の歴史を記した書物を『三国志』と呼んでいる。これは男たちの戦いを描いた歴史書であり、女性の活躍についての記述はきわめて少ない。この『三国志』のなかでただひとり、女性ながら武器を手に戦ったという記録が残っている、王異という女性がいる。

　王異は、3英雄のなかでもっとも強力な国を作った曹操の部下の部下、趙昂（ちょうこう）という役人の妻である。残念ながらその外見は歴史書には書かれていない。性格面は冷静沈着で、目的のために最適の手段をとることができる判断力を有していた。

　趙昂の主君である韋康が、中国北西部の涼州を任されたとき、涼州の豪族で騎馬軍団の指揮官としてその名を知られた馬超（ばちょう）という武将が、趙昂と王異が守っている城に攻め込んできた。『三国志』の注釈で引用された『烈女傳』という文献には、このとき王異はみずから腕に弓手用の布の籠手を身につけ、夫助けて戦ったと書かれている。また、このとき王異は、身につけていた宝飾品や、豪華な服の一部を兵に褒美として与え、兵士たちの士気を高めたという。

息子を犠牲に家名を守る

　王異の真骨頂は弓による射撃ではなく、その頭脳を活かした冷徹な謀略にある。

　趙昂の主君である韋康は馬超に降伏したが、約束を破った馬超に殺されてしまう。そして趙昂と王異も、息子を人質に取られてしまった。すると王異は、息子の命をきっぱりとあきらめ、馬超を追い出すための策略を練りはじめるのだ。

　まず王異は、馬超の妻と会談したとき、馬超が勢力を伸ばすために必要なことを切々と説いたため、馬超の妻は感動して王異と深く交流するようになった。妻どうしの交流は、馬超の趙昂に対する警戒心を弱め、馬超は趙昂を重く用いるようになる。

　こうして反乱の下地は整った。趙昂は同僚たちと結託し、城の外に出た馬超の軍を城から閉め出したのだ。当然馬超は城を取り返すために軍を向けてくるが、趙昂と王異は9つの計略を駆使して1ヶ月を越える防衛戦に耐え抜く。やがて曹操からの援軍があらわれて馬超を撃退し、王異と趙昂は曹操の配下に戻ることができたという。

王異さんは過去にも、同僚の武将の反乱で、息子さんふたりを殺されたことがあるそうです。2回も息子さんを死なせなければいけなかった王異さん、さぞつらかったでしょうね……。

決して切れない夫婦の絆と主従の絆
秦良玉（しんりょうぎょく）

生没年：1574～1648　出身地：四川忠州（現在の中国 四川州重慶市忠県）

夫の遺志を継いだ未亡人将軍

　中国では、国が認めた正式な歴史を「正史」と呼んで尊重している。正史は基本的に、歴史を動かしてきた男たちの業績の記録であり、女性の記述は少なく、女戦士にいたっては皆無と言ってもいい。その例外が、17世紀に「明」王朝の武将として活躍した秦良玉である。彼女は唯一、中国の正史に紹介された女将軍だ。

　秦良玉は少数民族の出身で、石砫という土地の統治を任されていた「馬千条」という将軍の妻だった。正史のひとつ『明史』によると、知略と騎射にすぐれ、詩文が得意だった。軍を統制するときは厳しい態度を崩さなかったという。彼女はトネリコという木の白い杖を持って軍隊を整然と指揮したため、彼女の軍団は白杵兵という名前で畏敬を集めたという。

　彼女の指揮官としての第一の功績は、1599年の反乱討伐である。夫の馬千条が3000の兵を率い、秦良玉は500の別働隊を率いて賊軍を撃破。敵の夜襲を看破して撃退すると、夫とともに7つの砦を攻略して反乱を鎮圧したのだ。

　その後、夫の馬千条は無実の罪で獄死してしまうが、石砫の統治と軍の指揮権は、引き続き秦良玉に任されることになった。彼女は正式に、明王朝から認められた女将軍になったのである。

没落後も変わらぬ明朝への忠誠

　秦良玉の時代は明朝の末期である。歴代の皇帝は贅沢に溺れ、反乱が続発したが、秦良玉は明への忠誠を持ち続け、決してその忠誠が揺らぐことはなかった。

　1621年に四川（中国南西部）で反乱が起きたとき、秦良玉にも反乱に参加しないかと勧誘の使者が来たが、彼女は使者を斬り殺し、逆に賊軍の根城を制圧した。

　1630年に、秦良玉の持ち場のひとつだった永平の城が陥落すると、彼女は皇帝から呼び出しを受けた。秦良玉は責任を追及され処刑されると思ったが、逃げたり反乱を起こすことなく臣下として都に上った。だが皇帝は逆にこれまでの功績を称え、皇帝が作った4編の詩を褒美として与え、あらためて城の奪還を命じたという。

　明王朝は1644年、皇帝が反乱軍に殺されて滅亡するが、秦良玉は明を見捨てず、亡命政権に仕え続けた。正史には、秦良玉のその後については書かれていない。

秦良玉の戦闘指揮は本当にずばぬけています。あるときは伏兵を駆使して敵を挟み撃ちにし、あるときは輸送用の船を焼き討ちにして敵の戦闘能力を奪う。八重子はぜひ彼女の戦いに学ぶべきです。

役人の横暴、許すまじ！
ハイ・バー・チュン

生没年：16? ～ 43（姉妹ともに）　出身地：麊泠県（現在のベトナム北部 ハタイ省とヴィンフク省）

独立へ導いた姉妹指導者

　紀元１世紀、東南アジアの国ベトナムは北方にある大国「漢（前漢）」の支配下に置かれ、重税を課せられるなど苦しい生活を強いられてきた。この圧政に立ち上がったのが、チュン・チャック（徴側）とチュン・ニ（徴弐）の姉妹「ハイ・バー・チュン」（チュン姉妹、という意味）だ。

　一説では双子とされるハイ・バー・チュンは、女性でありながら初めて反乱を起こした指導者として、また初めてベトナムの独立を勝ち取った英雄として、今も語り継がれている。その外見は定かでないが、肖像画などでは、武器を持った姉妹が、それぞれ象に乗って戦う姿が多く描かれている。

　伝説では、ハイ・バー・チュンが反乱を起こしたきっかけは、姉チュン・チャックの夫が、漢の役人に殺されたことに激怒したからだといわれている。しかし実際には、夫は殺されておらず、重い税の取り立てに反発して反乱を起こしたと考えられている。どちらにせよ、漢の横暴に激怒して挙兵したのは間違いない。

　チュン・チャックは妹のチュン・ニの助けを借りて挙兵。これに近隣の権力者が呼応して、漢への大規模な反乱へと発展し、ついに漢の役人を追い払うことに成功した。この後、チュン・チャックは女王の座につき「徴」という国を樹立。２年間の免税や、漢の支配下にあったころの重労働は廃止するなどの措置がとられた。

ハイ・バー・チュンが残した意思

　ハイ・バー・チュンの活躍によってもたらされた独立だったが、もちろん漢の皇帝がこれを見過ごすわけがなかった。皇帝はすぐさま大規模な軍を編成して「徴」へ侵攻したのだ。ハイ・バー・チュンたちは応戦し戦いは熾烈をきわめた。しかし、しだいに彼女たちの軍は劣勢となり、ついに姉妹も漢の軍に追い込まれてしまう。最期を悟ったハイ・バー・チュンは、川に入水して自殺したとも、捕らえられて処刑されたともいわれている。独立からわずか３年目のことだった。

　最終的にハイ・バー・チュンは漢に屈してしまったが、残した爪跡は大きかった。彼女たちの奮闘はベトナム人に独立への意思を植え付け、姉妹の亡きあとも、趙嫗（チョウアウ）（➡p80）などによる反乱が、断続的に続いていくのである。

チュン殿たちの反乱を鎮圧した漢王朝の軍隊は、来たときの半分の人数になっていたとか。……もちろん勝つのが大前提だけど、我ら会津藩も、万が一勝てないときでもそのくらいの被害は与えなければ……。

illustrated by 蘇芳サクラ

ダンナ様より独立がほしい！
趙嫗（チュウ・アウ）

生没年：225？〜248？　出身地：九真（現在のベトナム北部 タインホア省ノンコン地区）

巨乳振わせ戦場に立つ

　ハイ・バー・チュン（→p78）の反乱から約200年、ベトナムはまだ中国王朝の支配から抜け出せないでいた。当時の中国は『三国志』の物語で有名な三国時代であり、ベトナムは三国のひとつ「呉」に支配されていたのである。

　この時代に、ハイ・バー・チュンと同じように立ち上がった女性が趙嫗だ。彼女は若くして反乱の軍を起こし、呉の軍と激しい戦いを繰り広げた。ちなみに、趙嫗という名前は「チュウ氏の女性」というような意味の愛称で、本名は「趙氏貞（チュウ・ティ・チン）」という。

　趙嫗は幼いころに父母を亡くし、他国に支配されているベトナムの現状を憂う兄と一緒に育つ。その兄の影響なのか、趙嫗もまた国のことを考えられるようになった。年ごろになった彼女に、兄は結婚を勧めるが、彼女は国を呉の支配から解放したいと言って拒否、山にこもって義勇兵を集め、軍事訓練を始めたのだった。

　この後248年、趙嫗は23歳のときに行動を開始。呉の役人たちの住む城を破壊するなど、反乱の規模を広げていった。趙嫗は黄色い衣、または鎧に象牙の靴を履き、金のかんざしを挿した姿で象にまたがって軍を指揮し、敵をなぎ倒した。

　ちなみに伝説では、趙嫗は"非常に胸が大きかった"という。一説では"5メートル"ほどもあり、あまりに巨大だったため乳房を肩に回して鎧を着ていたといわれる。

　はじめは連戦連勝で勢いに乗っていた趙嫗たちだが、呉が名将「陸胤（りくいん）」を送り込むと、しだいに呉軍に押し返されてしまう。反乱から約半年後、趙嫗の軍は敗北、彼女自身は象に踏まれて死んだとも、川に身投げして自殺したともいわれている。

今も残る女傑たちの意思

　古くからベトナムは女性の社会的地位が高い"母系社会"である。趙嫗やハイ・バー・チュンのような女性指導者の台頭も、母系社会の影響が強いと考えられる。

　趙嫗とハイ・バー・チュンは、「他国の侵略に立ち向かった女傑」としてベトナムの教科書に名前が載っている。また、彼女たちを祀る霊廟が建てられたり、道の名前に彼女たちの名前がつけられるなど、さまざまな形で現在も語りつがれている。

　外国に長く侵略され続けた歴史を持つベトナムの人々にとって、中国王朝に反抗した趙嫗たちは、文字どおり「英雄」なのである。

陸胤殿はどうやって趙嫗さんに勝ったんだ？　……なになに、趙嫗さんは男に免疫がないから、目の前で素っ裸になって隙を作ったぁ!?　バカっ！戦場でいきなり脱ぐなんて……けしからんにもほどがあるっしょっ！

illustrated by 鈴根らい

国をとられてもあきらめない！
ラクシュミー・バーイー

生没年：1835？〜1858　出身地：ジャーンシー王国？（現在のインド北部 ウッタル・プラデーシュ州）

"インドのジャンヌ・ダルク"

　1857年、日本が幕末の動乱に揺れていたころ、イギリスに植民地支配されていた南アジアの国インドで民衆が大規模な反乱を起こした。日本では"セポイの反乱"とも呼ばれる「インド大反乱」だ。「インドのジャンヌ・ダルク」とも呼ばれるラクシュミー・バーイーは、この大反乱でイギリスと戦った、美しき指導者だ。

　反乱の起こる直前、19世紀当時のインドはイギリスによる植民地化が進んでおり、ほとんどの地域がイギリスの支配下にあった。ラクシュミーの夫が統治するジャーンシー王国は、イギリスに歩み寄る政策をとることで独立を保っていたが、ラクシュミーの夫が亡くなると、イギリスは一方的にジャーンシー王国を支配してしまった。

　この後約3年間、ラクシュミーが表だって何かをしたという記録はない。彼女の名前が歴史にふたたびあらわれるのは、インド大反乱が勃発したあとだ。反乱が起こると、イギリスに支配されていたジャーンシー王国でも民衆が立ち上がった。ラクシュミーも武器を手にみずから戦場に立って戦い、いつしか反乱の象徴的存在となった。

　もちろんイギリスも黙っているはずがなく、軍をジャーンシーの城に差し向ける。ラクシュミーの軍は粘り強く抵抗するが、あえなく城は陥落。その後もラクシュミーは戦い続けるが、戦いのさなかに銃弾を受けて戦死したという。享年23歳だった。

「インド大反乱」はなぜ起きた？

　インド独立の大きな転機となった戦いであるインド大反乱。実はこの反乱はある噂が発端だったという説がある。

　インドのほとんどを植民地にしていたイギリスは、"セポイ"というインド人傭兵を多く雇っていた。イギリスは彼らに最新式の銃を支給したのだが、どこからか「この銃の弾薬には牛と豚の脂が使われている」という噂が流れたのである。

　この銃の弾薬は油紙で覆われており、銃に装填するには油紙を"口でかみ切る"必要があった。しかしセポイは"牛を食べることを禁忌"とするヒンドゥー教徒と"豚を食べることを禁忌"とするイスラム教徒ばかりだったのだ。

　噂を信じたセポイは宗教的禁忌からイギリスに反発、しだいに反乱の火種は「植民地支配」という不満をかかえるインド中に拡散し、大反乱へ発展したのだという。

ラクシュミーさんの部隊には女性の兵隊もたくさんいて、弾薬を運んだり兵隊として戦ったりで活躍したそうだね。うん、お国の大事となったら誰でも戦わなくてはいかんよ、男も女も関係ない！

女の敵はびしばし成敗
ウンニ・アルチャー

生没年：不明（16～17世紀）　出身地：マラバール地方？（現在のインド南部 ケーララ州周辺）

インドで語り継がれたヒロイン

インド南部のマラバール地方には『Vadakkan Pattukal』（現地のマラヤーラム語で「北方の歌」という意味）と呼ばれる古謡があり、今なお映画や物語の題材として人々に愛されている。そのなかでも有名な一編が、実在した勇敢な女戦士ウンニ・アルチャーを主人公とした物語である。

彼女の最大の特徴はウールミという特殊な剣の使い手であることだろう。ウールミはインドの武術カラリパヤットで用いられる剣で、刀身は蛇のように柔軟にしなる、長さ数メートルの鉄の薄板でつくられている。ウールミを扱う剣士たちは、普段はこれをベルトのように腰に巻き付けておき、戦うときは腰から引き抜いて鞭のようにしならせ、変幻自在の攻撃を繰り出すのである。

女の敵には容赦なし

『Vadakkan Pattukal』の物語の舞台は、17世紀初頭のインド。ウンニ・アルチャーは高名な武闘家の父と兄を持つ美しい少女だったが、彼女が結婚した相手は臆病者だった。あるとき彼女は数キロ離れた寺院の祭りに出かけたいと思い、義母が「通り道に治安の悪い場所があるから」と止めるのも聞かずに、愛用の剣を手にして夫を連れて出かけてしまう。

母親の懸念どおり、美しい彼女を狙って暴漢たちが襲ってきた。臆病な夫は彼女を非難したが、ウンニ・アルチャーは臆さずにウールミを振るって応戦、暴漢の数名を殺して残りを逃走させた。この描写には異なるバージョンもあり、そちらではウンニ・アルチャーは暴漢たちを殺すのではなくあくまで教訓を与えるために、ウールミではなく濡れたタオルを振るって立ち回ったという。濡れた布はたしかに鈍器のような武器として扱うことができるが、それでも刃のある剣とは比べるべくもない。ウンニ・アルチャーはそんな武器でも男たちをたたきのめせるほどの達人だったのだ。

戦いのあとにウンニ・アルチャーは自分の素性を明かし、有名な武闘家の兄の名を聞かされた暴漢とその親分は真っ青になった。兄が双方の仲を取りなし、そして親分が二度と女性に危害を加えないことを約束したので、ウンニ・アルチャーはようやく親分を許したのだという。

ウールミは非常に扱いが難しい武器でな、熟練した使い手でないと、しなる刀身が自分の体を切り裂いてしまう惧れがある。これを自在にあやつるウンニ・アルチャーは真の達人といえるだろうな。

illustrated by 誉

ローマを我が手に！皇帝を夢見た女
ゼノビア

生没年：240？〜274？　出身地：パルミラ（現在のシリア）

砂漠の王国パルミラの女軍師

ヨーロッパの大半を支配したローマ帝国は、3世紀ごろ、中東のササン朝ペルシア帝国と覇権を争っていた。だがその隙をついて、ローマに服従していたある国が急速に勢力を拡大し、シリアを中心にアジア、エジプトまで領土を広げた。その国の名はパルミラ。交易によって繁栄した砂漠の王国である。ローマに反旗をひるがえし女皇帝を名乗った彼女の名は、パルミラ王妃ゼノビアという。

もともとパルミラはローマ帝国の味方としてペルシアと戦っており、ゼノビアは夫であるパルミラ王オデナトゥスの軍師としても活躍した。だが王が暗殺されると、ゼノビアは混乱を収拾して息子を王に立て、自分は摂政として実権を握った。そしてローマ帝国の臣下として振る舞うことをやめ、次々と領土を広げ始めたのである。

戦争に向かうときのゼノビアは、金色の兜に宝石をちりばめた鎧の上に深紅の戦装束を着込み、馬にも宝石をちりばめた赤い馬具をつけさせていたという。さらに豪華な戦車を作らせ、「ローマ帝国を打ち破ったあとは、この戦車に乗って凱旋する」と豪語していたのである。

しかしゼノビアの軍はローマ皇帝アウレリアヌスに破れ、逆に首都を包囲される。彼女は都から逃げようとしたときに捕まり、ローマ打倒の夢は泡と消えたのである。

王妃はローマを魅了する

ゼノビアのその後については、さまざまな説がある。ローマに連行される途中で病死、あるいは食を絶って餓死したというもの。あるいは、船が難破して溺れ死んだというものなどだ。しかし一番有名なのは、ローマ帝国の歴史資料『皇帝紀』にあるアウレリアヌス帝の凱旋行進で捕虜としてひき廻されたというものだ。

ゼノビアの最大の武器はその不思議な魅力である。ゼノビアを倒した皇帝アウレリアヌスは彼女に魅了され、彼女を許してローマ郊外に邸宅を与え、貴婦人として扱ったという。さらにはゼノビアが信仰する太陽神をローマの信仰に組み込み、神殿まで建ててしまった。ローマ婦人のあいだではゼノビアを真似てシリア風の髪型や衣裳、香油をつけるのが流行したそうだ。

ゼノビアはローマを征服こそできなかったが、魅力でローマを虜にしたのである。

ゼノビアさんがローマ帝国の領土だったエジプトを侵略できたのは、エジプトにいる大量のゼノビアさんファンが協力したせいだとか。まさに魔性の魅力……はっ、まさか悪魔のしわざでは!?

生きるためなら味方も轟沈!
アルテミシア

生没年:不明(紀元前5世紀ごろ) 出身地:ハリカルナッソス(現在のトルコ西部 ボドルム)

『歴史』に記された女性指揮官

『歴史』は、古代ギリシャの歴史家ヘロドトスによって記された、ペルシア戦争を主題とする歴史書だ。ペルシア戦争とは、紀元前500年ごろ(日本では弥生時代)に、中東の「アケメネス朝ペルシア」とヨーロッパの「ギリシャ」のふたつの大国が行った戦争のことなのだが、『歴史』には、この戦争で活躍したという女性指揮官の記述がある。彼女こそ都市国家ハリカルナッソスの女王、アルテミシアである。

アルテミシアが活躍したのは、開戦から20年ほどあとの「サラミスの海戦」で、彼女はこの戦いで、5隻の船を率いたペルシア側の指揮官として登場している。

夫の死後に国を継いだアルテミシアには、すでに跡継ぎとなる息子もいた。領地と子宝に恵まれ、本来ならば戦争に参加する必要などない彼女だが、それでも好奇心と持ち前の勇猛さを抑えられずに参戦を決意したとされている。

このように勇ましい面が強調されるアルテミシアだが、その実、戦術眼に長けた指揮官でもあった。実はサラミスの海戦に先んじて、彼女はペルシアの王に「海戦に強いギリシャと海で戦うべきではない」と進言している。だがその言葉は受け入れられることなく、ペルシアはギリシャとの海戦に踏み切ることになってしまう。ペルシア軍は船の数でこそ勝っていたものの、波で動きが鈍ったり、同士討ちを繰り返すなど、海戦に不慣れなことを露呈して次々と船を沈められてしまい、結果としてアルテミシアの危惧したとおり、ペルシア軍は敗北してしまった。

アルテミシアの冷徹な采配

ペルシア軍が不利になるなかで奮闘するアルテミシアだったが、彼女の乗る船にも複数のギリシャ軍の船が迫っていた。ここで、アルテミシアは驚くべき方法でこの危機的状況を切り抜けた。彼女は、前方を通りかかった味方の船に、自分の船の「衝角(船の先端についた体当たり用の武器)」をぶつけて、沈めてしまったのだ。

これを見たギリシア軍は、自分たちが追っていた船は味方だと勘違いし、ほかの船に目標を変えた。さらに幸運だったのは、彼女が沈めた船に生存者がいなかったため彼女が味方を沈めたことをペルシア王たちに知られなかったことだ。それどころか彼らは、敵船を沈めたと勘違いし、アルテミシアを賞賛したのである。

アルテミシアさんは、敵から逃げるために味方の船を沈めるだけでなく、敵の船長の首を落として自分の船にぶら下げて、敵の海軍を挑発することもあったらしい。ひええ〜……。

お風呂の邪魔はマナー違反!
ロドグネ

生没年：前171～前138　出身地：パルティア（現在のイラン周辺）

勢力争いの渦中に生きた姫君

　紀元前3世紀から紀元3世紀にかけて、現在の中東のイラン周辺にはパルティアという大国が栄えていた。ロドグネは紀元前2世紀ごろにパルティア王ミトラダテス1世の娘として生まれ、現在のシリア、イランにかけて広大な領域を支配したセレウコス朝の王デメトリオス2世のふたりめの妻となった。彼女は王妃という立場でありながら、馬を駆って軍隊を指揮し、反乱を鎮圧した指揮官としても知られている。

　ふたりが出会ったきっかけは、父王が戦争でデメトリオス2世を捕えたことだった。捕虜生活は10年に及び、そのあいだにふたりは結婚した。正式に結婚したときにはすでに数人の子供がいたという。

ロドグネの夫デメトリオス二世を描いたコイン。紀元前129年ごろのもの。

　ミトラダテス1世の死後にデメトリオス2世はパルティアから脱出、弟に奪われていたセレウコス朝の王位を取り返したが、現地民からの評判が悪かったうえ、数年後には戦死してしまう。その後ロドグネがどのような人生を歩んだかは不明である。

洗い髪の戦姫

　2世紀ごろ、マケドニア（現在のマケドニア共和国など）人の歴史家ポリュアイノスは、自著『戦術書』の中でロドグネを紹介している。

　それによれば、ロドグネが風呂で洗髪中に伝令がやってきて、支配下の部族が謀反を起こしたことを伝えてきた。ロドグネは髪を元どおりに結い直して「謀反を制圧するまでは髪を洗わない」と誓ってから、軍を率いて出陣したという。そして長い戦いの末にロドグネはついに勝利を収め、やっと風呂に入って髪を洗ったのだった。

　この逸話から、ペルシアの諸王は玉璽（皇帝の用いる印章）の絵柄に髪を縛ったロドグネを選んだという。

　また著者不明の古代ギリシアの書物『女性論考』には、このエピソードから、ロドグネが描かれるときは髪の半分をきれいに結い、もう半分はぼさぼさのままという姿であると述べられている。

ロドグネのパルティア王国は遊牧民の国で、弓騎兵が敵から逃げながら後ろ向きに矢を放つ「パルティアンショット」という戦術でヨーロッパの大国ローマを苦しめた。女王だけでなく国民の武勇も優れているのだ。

世界の戦場の乙女事情②
アラブの女性と戦場の乙女

ヴァルキリーのフィルルゥでーっす！ アジアの西のはじっこには、わたしたちヨーロッパが「中東」って呼んでる地域があるよ。
このへんでは「イスラム教」っていう宗教が人気なんだけど、この宗教のルールのせいで、中東ではヴァルキリーが目をつけるような「戦場の乙女」が生まれにくいんだよね。

　イスラム教発祥の地である、アラビア半島など中東地方の女性の暮らしは、イスラム教の誕生以前と誕生後で大きく異なる。7世紀にイスラム教が誕生する前の中東では、無数に存在する部族がそれぞれに独自の社会、文化を持っていた。そのため女性の地位は部族ごとにバラバラで、「女性が女の子を出産するのは恥」とされるほど男性の権威が強い部族がある一方で、妻の住む部族に男性が通ったり、妻が財産権を持つなど、女性が社会的地位を持つ部族も無数にあったのだ。

　だがイスラム教の戒律では、女性が他人に肌や顔を見せることが禁じられるなど、女性の社会進出を厳しく制限しているため、イスラム教社会では女性の戦士が活躍する例が非常に少ない。ただし、イスラム教が生まれた直後、イスラム教勢力が外国を攻め落としながら勢力を拡大していた時代は唯一の例外であり、多くの女性戦士、女性指揮官が敵味方双方で活躍したことが記録に残されている。

イスラム教黎明期の女性戦士

ウンム＝ハキーム

　片腕の女性戦士。剛力で知られ、北方のビザンツ帝国との戦争において、テントの柱を武器にして7人の兵士を打ち倒した逸話を持つ。彼女の名前は、中東の大都市ダマスカスの橋の名前として現在も残っている。

カウラ・ビント・アル＝アズワール

　初期イスラム教軍団の伝説的指揮官、ジラ・イブン・アズワールの妹で、常に兄のとなりで戦った勇敢な女性戦士にして指揮官。あるとき軍事の天才である最高指揮官ハーリド・イブン・アル・ワーリドの影武者として、奇襲作戦のために本隊から離脱したハーリドのかわりに軍をあやつったが、それがあまりに巧みだったため、敵も味方もハーリドの不在に気づかなかったという。

ハインド・アル＝フンド

　イスラム教の創始者ムハンマドと敵対していた部族、クイラシュ族のリーダー。父と兄をムハンマドの軍に殺されたことから部族のリーダーとなり、15人の女性兵士を率いてムハンマド軍にゲリラ戦をしかけた。「戦の女王」の異名で恐れられたが、のちにムハンマドに敗れ、イスラム教への改宗を受け入れている。

アメリカ、アフリカの乙女
maidens in America & Africa

　アメリカ大陸とアフリカ大陸には歴史文献資料が少なく、ほかの地域に比べると戦場での女性の活躍ぶりがあまり残されていません。女性たちの活躍が多く記録されるようになるのは、ヨーロッパの国々がこれらの大陸を植民地にしはじめた「大航海時代」以降のことです。

illustrated by 人外モドキ

アン・ボニー＆メアリー・リード

男よりも、男らしい？
アン・ボニー&メアリー・リード

生没年：1697?〜1782?／不明〜1720　出身地：コーク州
（現在のアイルランド南部 コーク州）／イングランド（現在のイギリス南部）

女海賊の代名詞

　「海賊」といえば、"帆船に乗り込み7つの海をまたにかけ、剣や銃を手に船を襲う"という姿をイメージするだろう。こうした海賊像はおもに、17世紀中盤〜18世紀前半にかけ、カリブ海（アメリカ合衆国と南アメリカ大陸に挟まれた海）で猛威を振った海賊がモチーフになっている。

　こうした海賊のなかに、男の荒くれ者に混ざって活躍したふたりの女性海賊がいた。アン・ボニーとメアリー・リード、男ばかりの"カリブの海賊"のなかで、現在に名前を残したほぼ唯一の女性海賊たちだ。

　ふたりのうち、はじめに海賊になったのは、アン・ボニーだ。アンは弁護士の父がメイドと不倫した結果生まれるという、複雑な家庭で育った。のちに父は不倫相手とともにアメリカに移住するが、アンはとある男性と恋に落ちて駆け落ち、中米のバハマへと逃れた。しかし、ここで彼女は駆け落ち相手の元を去り海賊となる。彼女はバハマの酒場で「ジョン・ラカム」という海賊と出会い、そのままジョンを追って海賊船に乗り込んだのである。

　もうひとりの女海賊、メアリー・リードも「離婚歴のある母親が、行きずりの男との関係のすえに産んだ」という、決して幸せでない出生の持ち主だ。しかも母親は元夫の両親から援助を受けるため、彼女を男の子として育てたのである。メアリーの母と元夫とのあいだには実際に息子がいたのだが、幼くして亡くなったため、メアリーはその「替え玉」に仕立て上げられたのだ。

　この企みはうまくいき、メアリーは男の子らしくわんぱくに育った。しかし、元夫の両親が亡くなるとふたたび生活は困窮、仕方なく母はメアリーを"女性"として働きにいかせるが、男として育てられてきたためか、メアリーは仕事先から脱走。軍に入るも脱走したり、結婚したがすぐに夫が亡くなったりと、不安定な生活をしていた。

　1719年、メアリーは西インド諸島に向かうが、乗っていた船が海賊に捕まってしまう。これがきっかけとなり、彼女は海賊となったのである。

ふたりの女海賊、出会う

　メアリー・リードの乗った船を襲った海賊船はジョン・ラカムのものだった。男装していたメアリーはそのまま男としてラカムの手下になるのだが、その彼女に熱い視線を送っていたのが、先にラカムの船で男装し海賊になっていたアン・ボニーだった。なんと彼女はメアリーを「男性として」気に入ったのである。

アンはメアリーに自分の正体を明かし、恋人にならないかと誘う。しかし、メアリーもまた自分の正体を明かす。ふたりは同性愛者ではなかったので恋人にはなれなかったが、親友として付き合いはじめた。

アンとメアリーは、男がひしめくラカムの海賊たちのなかであっても、非常に勇敢であり、アンは拳銃、メアリーは「カットラス」という曲刀の名手であった。彼女たちは、いつも並んで戦い、どんな危険なことでも臆することがなかったという。

もっとも広く使われてきたという、アン・ボニーとメアリー・リードの版画（18世紀、ベンジャミン・コール作）

一方で、ふたりとも「女性らしさ」も忘れてはいなかった。アンは、首領であるラカムと恋仲であり、一説では彼とのあいだに子供を産んだといわれる。またメアリーは、若い海賊を誘惑して恋人になっている。さらにメアリーには、恋人が別の海賊と決闘することになったとき、恋人が不利だと判断したので、恋人には内密で自分が決闘に出かけ、その決闘相手を倒してしまった、という逸話がある。彼女たちは男にも勝る強さと、女の魅力や情の深さを兼ね備えた海賊だったのだ。

官軍相手に大立ち回り

大海賊ジョン・ラカムの手下として暴れ回ったアンとメアリーであったが、彼女たちは中米の国バハマの軍に追われ、戦いになる。首領であるラカムをはじめとした男海賊たちがバハマ軍を恐れて逃げるなか、アンとメアリーはただふたりだけで、甲板で最後まで戦い続けたという。彼女たちは口汚い言葉で敵を威嚇しながら剣や斧を振い、拳銃を撃ち放つ。しかも船倉へと逃げ込んだ味方へ銃弾を撃ち込み「男らしく戦え！」と怒鳴りつけるほどであった。その姿を見たバハマ海軍の兵士は、のちに「このふたりがほかのどの男よりも野蛮で恐ろしかった」と証言している。

アンとメアリーの奮闘もむなしく、彼女たちはバハマ軍に捕らえられてしまう。このあと、裁判にかけられた彼女たちはそこで自分たちが"女"であること明かし、周囲を驚かせる。さらにふたりは死刑を宣告されたが、「自分たちは妊娠している」と主張し、刑の執行を延期させた。当時バハマはイギリスに植民地支配されていたが、イギリスをはじめとしたキリスト教の影響が強い地域では、宗教上の理由から「中絶」を嫌っていたため、お腹に命が宿っている女性を死刑にすることができないのだ。

その後、メアリー・リードは死刑の執行を受ける前に病気で獄中死したといわれている。一方のアン・ボニーのその後は不明だが、刑が執行された記述がないことから、死刑を免れて生き延びたのではないかと考えられている。一説では、弁護士であるアンの父の力で出所し、名前を変えて生き延びたのではないかという。

> 男装して男のふりをしていた女海賊ならほかにもいそうなのに、名前が残っている者は極端に少ないそうだ。やはり、捕まって裁判にかけられたり、ふたりと戦った軍人がいたからこそ記録に残ったんだろうな。

すべてを見通すアパッチの戦乙女
ローゼン

生没年：1840～1890　出身地：オホ・カリエンテ（現在のアメリカ中南部 ニューメキシコ州）

アメリカ合衆国を苦しめた"人間レーダー"

　北米大陸東海岸に誕生したアメリカ合衆国が、西に向かって領土を広げた西部開拓時代。彼らにとって最大の障害となったのは、アメリカ大陸の先住民、インディアン（ネイティブアメリカン）たちだった。なかでもアメリカ人たちをもっとも苦しめた、ヴィクトリオというリーダーに率いられた部族「アパッチ族」には、ヴィクトリオの妹である「ローゼン」という女戦士がいた。

　後年のアパッチの生存者によれば、ローゼンは幼時から男の子の遊びを好み、馬術と射撃にすぐれていた。きわだって美しかったため多くの男に求婚されたが、彼女はそのすべてをはねつけ、兄もまた妹を無理に結婚させようとはしなかった。

　ローゼンには、人や獣の足跡を読んだり、乾燥地で水場を見つけるほか、伝説によれば敵の接近を察知する能力があった。彼女が両手を広げて掌を上に向け、輪を描いて歩くとき、腕がふるえ掌が赤くなると敵が近くにいる証拠であった、という。

　アパッチは狩猟しつつ移動する部族であったため、女子供もしばしば合衆国軍、メキシコ軍に追われて険しい地形を越えた。あるとき一族は合衆国騎兵隊の追撃を受け、ひとりの妊婦が遅れそうになった。するとローゼンはほかの者に馬を譲って妊婦とともに残り、茂みや谷間に隠れ、出産の手伝いをし、銃声を立てずナイフ一丁で獣を狩って産婦と赤ん坊の食べ物を工面し、ふたりを連れて一族に合流したので、人々は驚くこと限りなかった。

精強なアパッチ族

　アメリカ人にとってアパッチ族がもっとも手強い敵となったのは、彼らが農耕や牧畜を行わない狩猟民族だったからだ。そのため合衆国軍は「村と農地を破壊して敵部族を降伏させる」という、定石というべき戦略を使えなかった。しかもアパッチ族は正面から正々堂々戦っても強いが、ほかの部族と違って奇襲と後方攪乱を恥としない価値観の持ち主で、アメリカ軍をその機動力で散々に振り回したのである。

　戦いの末に兄ヴィクトリオが戦死すると、ローゼンは兄の友人「ジェロニモ」と合流して戦うが、やがてジェロニモもアメリカに降伏する。アパッチの残党は捕らえられ、ローゼンはアメリカ南東部、フロリダの収容所で結核に倒れ命を落としたという。

ローゼンさんの伝説のほとんどは、アパッチ族の生き残りの人たちが語り継いできたものです。まるで魔法のようなローゼンさんの探知能力が、実際にはどのくらいの力があったのか気になりますね。

illustrated by 月上クロニカ

西部開拓時代のスーパーヒロイン！
カラミティ・ジェーン

生没年：1856？〜1903　出身地：マーサ・カウンティ（現在のアメリカ中部 ミズーリ州プリンストン）

カラミティ〜救難女または厄難女

　ガンマンたちが銃を片手にアメリカの荒野を駆け抜けた西部開拓時代。のちに多数の西部劇映画で主人公として描かれた凄腕ガンマン「ワイルド・ビル・ヒコック」のとなりに、ひとりの女の姿があったという。彼女の名前はカラミティ・ジェーン。ヒコックの親友として、あるいは恋人として知られた女ガンマンである。

　カラミティ・ジェーンは黒い瞳の魅力的な女性だった。本名はマーサ・ジェーン・キャナリーといい、カラミティ（災厄）というのは異名である。自伝によれば、インディアン叛乱の際に命を救われた騎兵隊長が彼女に「よくぞカラミティ（災厄）から救ってくれた」と言ったのがもとでカラミティと呼ばれるようになったのだという。だが別の説によれば、男たちに向って「私をバカにするやつはカラミティ（ひどい目）にあうよ」と公言していたからだ、ともいう。どちらにしても、ジェーンの勇敢さと激しい気性をよくあらわす異名だといえよう。

　ジェーンの相棒であるヒコックは、酒場でトランプ遊びの最中、無法者に後ろから射たれて死んだ。ジェーンはこれを知って怒りに我を忘れ、銃も持たずに下手人を追いかけた。目指す相手を肉屋の店先で見つけ、大きな包丁を取っておどし、降参させて丸太小屋に押しこめたが、保安官が来る前に逃げ出してしまったという。

カラミティ・ジェーンは何者だったのか？

　上に書いたジェーンの逸話は、ほとんどが彼女の自伝に書かれたもので、歴史的な事実であるかどうかは疑わしい。ジェーンの伝説がアメリカに広まった19世紀末は、西部開拓時代が終わり、ガンマンたちが活躍の場を失う時代だった。彼らの銃の腕は、敵であるインディアン戦士とともにショーの出し物となっていたのだ。現実のジェーンは、そうしたショーの一座に加わって全米を巡業する売れっ子だったのだ。

　ジェーンは元をただせば開拓者の娘で、馬術に長け、皿洗いから軍の斥候まであらゆる仕事をこなした。ショーでは巧みな話術で人気を集めたが、酒飲みで無駄遣いが激しく、いつも金に困っていた。そのくせ貧乏人や病人を見ると決まって一肌脱いだ。読み書きもあやしかったが、興行のときにはつづり間違いだらけの薄い自伝（代筆説もあり）を配った。これが後世の映画、小説などの下敷きになったのである。

ジェーン殿は小説や映画の題材になったことがたくさんあるそうだ。たいていの作品で、ジェーン殿は純粋無垢で女性的なヒロインになっているのだけど……本物のイメージとあまりに違いすぎるような……。

illustrated by らっす

王家の誇りは屈しない！
ンジンガ女王

生没年：1583～1663　出身地：ンドンゴ王国（現在のアンゴラ）

王女、使者に立つ

　ヨーロッパが大航海時代に沸く17世紀、世界の海は条約により、スペインとポルトガルの２大海上帝国によって分割されていた。その片方であるポルトガルはインド洋、アフリカ、ブラジルに大勢力を張り、奴隷貿易によって巨万の富を得ていたのだ。アフリカの国王たちはポルトガルの軍事力と、奴隷貿易の利益という飴と鞭で飼い慣らされつつあったが、彼らに敢然と立ち向かった者もいた。そのひとりがアフリカ南西部、現在のアンゴラにあった「ンドンゴ王国」の王女、ンジンガである。

　幼いころから利発で知られたンジンガは父王に愛され、しばしば戦場に同行して軍事を学んだ。父王の没後に王になったのはンジンガの兄で、しばしばポルトガルと戦ったが、被害の大きさに辟易した両国は休戦して和平を結ぼうと考えた。このときンドンゴ王国からの使者に立ったのが、ポルトガル語を解する王妹ンジンガだった。

　ポルトガルの総督メンデスはンドンゴ王国の降伏と属国化を要求したが、ンジンガはあくまで対等の講和を望んだため、会見は最初から意地の張りあいとなった。メンデス総督は自分たちの館にンジンガを呼ぶと、高い椅子に座り、王女には"ござ"を与えて座れと言った。いうまでもなく、これは自分より身分の低い者に対する扱いである。ンジンガはこれを「なんと子供っぽいことをなさるのか」と一笑し、供の者のひとりを床に屈ませ、その背に乗って対等の目線で交渉を始め、両国が対等の立場での講和をまとめることに成功したのである。

戦場の女王として

　両国の和平により、ポルトガルは奴隷として連行した住民を帰し、傭兵の略奪をやめさせる義務を負った。だがポルトガルは約束を破り、軍隊を再編成して再度攻め込んできたのだ。兄王が絶望のうちに死に、その息子も急死すると、ンジンガが女王となって全軍を指揮し、ポルトガルを迎撃することになった。

　ンジンガは「先王暗殺」を疑って彼女に協力しない豪族たちを無視し、奴隷あがりの文官武官を重用。新興国オランダと手を組んでポルトガルと戦い、1657年に新たな和平条約を結ぶまで、30年近くにわたってポルトガルの侵略を退け続けた。白人の侵略を退けたンジンガ女王は、アンゴラの英雄として語り継がれている。

彼女の記録はポルトガル人宣教師がまとめたものが多い。これらの記録では彼女は残虐きわまる女王になっているが、これはほとんどがポルトガル側を「正義の味方」にするための捏造だ。私にはお見通しだぞ。

illustrated by けいじえい

世界の女海賊

メシアなのだー！ むかしは「船の上は女の子おことわり」だったから、女の子の海賊って少ないらしいのだ。でも、ゆーめーな人をふたり教えてもらったのだ！

海賊女王グレース・オマリー

イングランド屈指の名君として知られるエリザベス女王（→p129）と同時代に、イングランドの西隣の島アイルランドを拠点に活躍した女海賊。勇敢な指揮者であると同時に残酷な略奪者でもある彼女は「海賊女王」の異名で恐れられた。

彼女はアイルランド西岸で海洋貿易や略奪行為を営む「ウール王国」の族長の娘であり、15歳で他部族の族長と結婚して2人の娘を産んでいたが、あるとき夫が戦死してしまう。当時のアイルランドの法律では、女性は王になれないため、グレースは彼女を慕う男たちを引き連れ、海賊業を営むようになった。

当時のイングランドは「大航海時代」の活況にのり、海洋貿易によって巨大な富を築いていた。そのためイングランドの商人たちはグレースら海賊の討伐を望んでいた。するとグレースは、エリザベス女王に訴状を送り、これまでの罪に許しを請う一方で、自分たちのアイルランドでの自治権を認めるよう要求したのだ。

当時の歴史書は、エリザベス女王と直接面会したグレースが、へりくだることなく堂々と女王と交渉したと記録している。恐るべき胆力である。女王はこの堂々たる海賊に要求通り自治権を与え、忠誠すら求めなかったという。故郷に戻ったグレースはその後も堂々と海賊家業を続け、女王と同じ年に亡くなった。

悲劇の海賊シャーロット・デ・ベリー

シャーロットは、海賊の男に恋をして結婚し、彼の乗り込む海賊船に男装して乗り込んだ町娘である。だが船長はシャーロットを我が物にしようと彼女の恋人に無理難題を押しつけて失敗させ、その罪で処刑するという悪事をしでかした。

この船長は冷酷かつ傲慢な男で、ほかの船員からも嫌われていた。この事件をきっかけに船では反乱が起き、船長は処刑。新しい船長は仲間たちの要請でシャーロットがつくことになった。シャーロットは優秀な船長であり、多くの苦難を乗り越えたが、あるとき船が難破して船員たちは飢餓状態になってしまう。

やむなく船員たちは、船員のひとりを殺して食べることを決める。くじ引きの結果、食料となったのは、シャーロットが再婚していた夫だった。彼女は涙ながらに夫の肉を食べて生き延びると、船員たちがほかの船に救助されたのを見届け、ひっそりと海に身を投げて夫の後を追ったという。

この話は19世紀の書籍『海賊の歴史』で「200年前の実話」として紹介されたものだが、本当に実話かどうかはやや怪しい。だが悲劇的な物語と食人という刺激的な展開が大衆の興味を集め、彼女は悲劇のヒロインとしてよく知られている。

神話伝承の乙女
maidens in Mythorogy & Legends

　既存の物理法則にとらわれない神話や伝承の世界では、古くから魅力的な女戦士、女騎士たちの物語が語り継がれていました。本章では女騎士の本場であるヨーロッパを中心に、世界中の神話伝承から16名の「戦場の乙女」を紹介します。

illustrated by 人外モドキ

ブリトマート

われら最強アマゾネス軍団!
ペンテシレイア

出典：ギリシャ神話　出自：アマゾン族の王族　出身地：黒海沿岸地方

女部族の戦女王

　ヨーロッパを代表する神話のひとつ「ギリシャ神話」には、「アマゾン族」と呼ばれる特殊な部族が登場する。この部族はギリシャ神話の粗暴な軍神アレスを先祖とする部族で、一族のほぼ全員が女性なのだ。そしてアマゾン族は優秀な女戦士の宝庫であり、彼女たちは「アマゾネス」と呼ばれている。このページで紹介するペンテシレイアという女性は、このアマゾン族の女王であり、最強のアマゾネスである。

女王ペンテシレイアと12人のアマゾネス

　ペンテシレイアは、「トロイの木馬」で有名な神話上の戦争「トロイア戦争」の物語の終盤を描いた作品『アイティオピス』に登場する。トロイア戦争とは、ギリシャ方の勢力であるアカイア同盟が、トルコ西岸に位置する都市国家トロイアに攻め込んだ戦争である。トロイア方は、ギリシャ方の戦士アキレウスによって英雄ヘクトルを討ち取られたため劣勢になり、その運命は風前の灯火となっていた。そこにトロイア方の援軍としてあらわれたのが、女王ペンテシレイアが率いる12人のアマゾネスたちだったのだ。

ペンテシレイアの彫像。1862年、フランスの彫刻家ガブリエル・ヴィタル・デュブレの作品。ルーヴル美術館蔵。

　ペンテシレイアは大変な美人で、栗色の髪をたなびかせ、黄金の兜をかぶっていた。背中には大剣、腰には短剣と斧を差し、手には盾と槍を持った重装備で馬に乗り、攻撃に来たギリシャ方の隊列になだれこんだペンテシレイアたちアマゾネス軍団は、みな一騎当千の戦士であり、何度も押し寄せる波のように攻め込んでくるギリシャ方を幾度となく押し戻し、多くの名のある戦士を討ち取っていった。

　やがてアマゾネス対策に本腰を入れはじめたギリシャ方によって、アマゾネスたちも討ち取られ始めるが、ペンテシレイアは部下たちを倒した敵将を討ち取りながら、ギリシャ方の最強武将であるアキレウスと戦うべくその姿を探し求めていた。

　やがて、戦場に出てきたアキレウスに対してペンテシレイアは全力で攻撃を繰り出すが、不死身の肉体を持つアキレウスには攻撃がまったく通用しない。逆にアキレウスは、槍でペンテシレイアの左胸をひと突きにして彼女を討ち取った。

ペンテシレイアは黄金の兜をかぶっていたため、アキレウスは、自分が倒したのが女性だとは、ましてアマゾネスの女王だとは気づいていなかった。討ち取った敵の顔を見るために兜を外したアキレウスは、ペンテシレイアの美しい死に顔を見て恋に落ちてしまい、彼女を殺してしまったことを深く嘆いたという。

アマゾン族とは何者か?

ペンテシレイアが女王をつとめるアマゾン族は、多くの女戦士を有する女性だけの部族である。地中海の北東にある黒海沿岸に住み、ギリシャ神話においてはギリシャ人の天敵として描かれることが多い。今回の「トロイア戦争」でも、ギリシャ方に敵対するトロイア方の援軍として物語に登場している。

アマゾン族は女性のみでに構成された狩猟民族である。もちろん女だけでは子供を作ることができないので、子供が必要なときは他部族の居住地に出向いて男の精をもらうことになる。生まれた子供が女の子ならアマゾンの一員に加え、男の子だった場合は、殺すか、体を不具にして奴隷として扱うか、父親に引き渡すといわれている。

アマゾネスは馬への騎乗技術が巧みで、弓や槍を武器として扱う。一説によればアマゾネスたちは、大きな乳房が弓を撃つ邪魔になることを嫌って、左側の乳房を切り落とすという伝承がある。ただし、すべてのアマゾネスが乳房を切り落とすというわけではなかったようだ。

現代では「アマゾン」といえば、ブラジルの広大な国土を縦横無尽に走る大河のほうをイメージする人のほうが多いかもしれない。実はこのアマゾン川も、ギリシャ神話のアマゾン族と関係がある。ヨーロッパの探検家がこの川を探検していたとき、髪の長い現地部族の戦士に襲われたことがあり、探検家は女戦士に襲われたと思い込んだ。そのためにギリシャ神話のアマゾネスからとって「アマゾン川」という名前をつけたのだ。実際は、探検家を襲ったのは、単に男性も髪を長く伸ばす習慣を持っている部族の男性で、女性ではなかったと思われる。

そのほかのアマゾネスたち

ギリシャ神話には、ペンテシレイア以外にも多数のアマゾネスが登場する。

特に有名なのはペンテシレイアの姉である先代女王、ヒッポリュテだ。彼女はギリシャ神話最強の英雄ヘラクレスの神話に登場。ヘラクレスが自分の罪をあがなうために行った12の冒険のひとつが、ヒッポリュテの持つ腰帯を手に入れるというものだった。ヒッポリュテは交渉の結果、ヘラクレスに帯を渡すことに同意していたのだが、それを嫌った神の謀略で、ヘラクレスたちギリシャ人と殺し合うことになってしまった。

ギリシャ人にとってアマゾン族は蛮族であり、その生活習慣の違いがしばしば物語のアクセントになっている。

ちなみにアマゾネスをフランス語に訳すとアマゾンヌと読むそうです。……あら? もしかして32ページのテロワーニュさんが「革命のアマゾンヌ」なのはここから……え? ええ、もちろん知っていましたとも(汗)

イタリアの超韋駄天アマゾネス
カミラ

出典：ローマの叙事詩『アエネイス』　出自：ウォルスキ族　出身地：イタリア半島

女神ディアナの女戦士

　今から約200年前、ヨーロッパとアフリカ北部を支配した巨大国家「ローマ帝国」の詩人ウェルギリウスの作品『アエネイス』は、戦争に敗れた主人公アエネアスが母国を離れて新天地を手に入れる物語で、その後のあらゆる英雄物語がこの作品を意識したといわれるほど有名な作品である。この作品の後半に、カミラという女戦士が登場する。

　カミラはイタリア半島の部族「ウォルスキ族」の女戦士である。束ねた髪を黄金の留め金で止めた髪型で、服装は紫の衣から肩や胸を片方だけ丸出しにし、弓と斧を自在にあやつったという。また、非常に足が速かったため、畑の上を走っても麦の穂先を痛めず、水面に足を触れることすらなく海の上を駆けることができたという。

　カミラが強く育った背景には、女神の加護がある。かつてカミラの父メタブスは、まだ赤ん坊だったカミラを連れて敵から逃げたことがあった。森の川辺で敵に追いつかれそうになったとき、メタブスはカミラを槍にくくりつけ、「この娘の命が助かれば、娘を女神ディアナに捧げます」と言いながら対岸へ槍を投げたのだ。この槍は木に突き立ち、メタブス本人も流れを泳ぎ渡って父娘ともに生き延びた。このときからカミラは狩りと月の女神ディアナのものになったのである。

欲に敗れた最期

　『アエネイス』の主人公であるアエネアスがイタリア半島に流れ着いたあと、彼は現地の老王ラティヌスに王女の婿にと見込まれる。だがこの王女に求婚中だった隣国の王トゥルヌスがこれを黙って見ているはずもなく、付近の諸部族を巻きこんだ大いくさが始まったのだ。カミラはこのときアエネアスの敵方、トゥルヌス王の味方として、部族の女戦士たちを率いて参陣した。

　カミラに率いられたウォルスキ族の女戦士たちは、まるでギリシャ神話に登場するアマゾン族（アマゾネスのこと。107ページ参照）のように鍛え上げられており、アエアネス方の勇士たちを次々と打ち倒した。だがカミラは、敵方の勇士が身につけていた黄金の弓と兜を奪い取ろうとして深追いしすぎてしまい、むき出しになった胸の下側を投げ槍で貫かれて命を落としたという。

たまにカミラも「アマゾネス」だといわれることがありますが、これは「トラキアのアマゾン族と比べられるくらい勇猛な」という意味合いです。彼女自身はアマゾン族ではありません。

その剣、おいそれと抜くべからず
ヘルヴォール

出典：『ヘルヴォルとヘイズレク王のサガ』　出自：アルングリムの一族　出身地：スウェーデン？

魔剣に魅入られた女ヴァイキング

　北欧に伝わる伝承物語に『ヘルヴォルとヘイズレク王のサガ』という、呪われた魔剣「ティルフィング」をめぐる物語がある。物語の題名にもなっている女性、ヘルヴォール（ヘルヴォル）は、この魔剣に翻弄された女性である。

　ヘルヴォールは美人だったが、気性が荒く悪事も多く働いた。あるとき彼女は、周囲に嫌気がさして故郷を飛び出す。そして男装して北欧の海賊「ヴァイキング」の一団に入った。その海賊団の頭領が倒れると、なんと彼女が頭領になったという。

　その後、ヘルヴォールは自分が生まれる前に死んだ父の墓に、魔剣「ティルフィング」が埋められていることを知る。魔剣を手に入れるため、彼女は墓のある島を訪れると、父の亡霊との問答のすえ、ティルフィングを手に入れるのである。

　しかし、魔剣の呪いか、ティルフィングを手に入れた彼女には修羅場が待ち受けていた。海賊業をやめた彼女は、ある王に戦士として仕えていたのだが、彼女がティルフィングを席に置いて離れているあいだに、同僚の戦士が魔剣を抜いてしまったのだ。すぐさま彼女は魔剣を奪い返し、なんと同僚を斬り殺してしまう。当然、ヘルヴォールは追われる身になったが、ヘルヴォールを女性と見抜いた王は「女を殺すのは戦士とし恥である」と追撃をやめさせたため、彼女は逃げのびることができた。

　難を逃れたヘルヴォールは故郷に戻り、男装をやめてほかの女性と同じように暮らし、ふたりの男の子をもうけたという。

繁栄と死をもたらす魔剣「ティルフィング」

　もともとティルフィングは、スヴェフルラーメという王が、手先の器用な小人「ドヴェルグ」たちをおどして作らせたものだ。だがドヴェルグはおどされたことに怒り、剣に「鞘から抜かれるたびにひとりを殺す」「持ち主の悪どい願いを3度叶えるが、自身にも死をもたらす」という2つの呪いをかけたのである。

　ティルフィングを手に入れたスヴェフルラーメは魔剣の力で勢力を広げる。が、魔剣の呪いによってヘルヴォールの祖父アルングリムに殺された。そして、スヴェフルラーメから魔剣を奪ったアルングリムもまた、魔剣の呪いで死ぬ。そしてヘルヴォールが手放したあとも、ティルフィングは剣の持ち主に災いをもたらしたのである。

魔剣ティルフィングは、ヘルヴォール殿本人には害を与えなかったが、のちに魔剣を相続した息子どうしが魔剣で殺しあうことになった。母の身としては自分が命を落とす以上に呪わしいことだったろう。

勝てれば奥さん、負けたら……死刑！
ブリュンヒルド

出典：『メローラとオーランドの冒険』（15世紀、アイルランドの手稿）
出自：アーサー王の娘　出身地：ブリテン島

武勇と美貌を兼ね備えた女王

　ドイツに伝わる英雄物語『ニーベルンゲンの歌』。全身に竜の血を浴びて不死身となった英雄「ジーフリト」（ジークフリート）を中心に展開する物語だ。この物語には、そのジーフリトにも負けないほどの剛勇を誇る女性が登場する。彼女の名前はブリュンヒルド、イースランド（現在のアイスランド）を統治する女王だ。

　王女ブリュンヒルドは、女王らしく非常に高貴な人格と美貌の持ち主である。ただその一方で、恐ろしいまでの豪傑でもあり、家臣が3人がかりでやっと運べるような重さの槍や楯を軽々と持ち、その槍を投げては遠くの敵の盾を貫くほどであった。

　このように強く美しい女王の心を射止めるのはとてつもない難行である。というのも、ブリュンヒルドは自分に求婚する者に対して「槍投げ」「石投げ」「幅跳び」の3競技で勝負を挑む。求婚者が勝てば妻となるが、相手が負ければ殺してしまうのだ。

　ブリュンヒルドに惹かれて結婚を求める者は何人もいたが、誰も彼女に勝つことはできず、みな殺されてしまったという。その強さと残酷さは、天下無双の英雄である英雄ジーフリトですら恐怖を感じるほどであった。

負けたのは誰のせい？

　ブリュンヒルドの夫となったのは、ジーフリトの友人であるブルゴント王、グンテルだった。だがグンテルは優秀な戦士ではあるが、彼女に勝てるほどではない。

　実はこの結婚にはウラがあった。グンテルから頼まれたジーフリトが、小人が作った"姿を見えなくなる魔法の蓑"を着て、ブリュンヒルドとの競技を手助けしたのだ。ブリュンヒルドの投げた槍がグンテルの盾を貫き、姿を消してグンテルを支えていたジーフリトごと吹き飛ばすという一幕もあったが、最後はジーフリトの助けを得たグンテルが勝利、晴れて彼女を妻に迎えたのである。

　だがグンテルの嫁取りはこれでは終わらなかった。妻となったブリュンヒルドを連れて国へ帰ったグンテルは、彼女との初夜を迎えたのが、ブリュンヒルドは性交を拒否、それどころかグンテルをベットの上に吊してしまったのである。

　このことを聞いたジーフリトは一計を案じ、その夜、ふたたび隠れ蓑をつけてグンテル夫婦の部屋に行く。そして明かりを消すと、グンテルのふりをしてブリュンヒルドに迫ったのである。当然ブリュンヒルドは抵抗するが、壮絶な格闘のすえにジーフリトはブリュンヒルドを組み伏せて「要求を断らない」と言わせたのである。それ以来、ブリュンヒルドはグンテルにおとなしく従うようになった。

神話伝承の乙女

女の争いが血まみれの悲劇に

　ジーフリトが親友のために行った、これらの手助けは、のちにいくつもの国を巻き込む悲劇の発端となってしまった。

　グンテルの結婚を見届けたジーフリトは、彼の妹クリームヒルトと結婚して国へ帰った。数年後、ジーフリトたちはグンテルの国へ呼ばれたのだが、そこでブリュンヒルドとクリームヒルトが「自分の夫のほうが優れている」と口論をは始めてしまう。

　このときクリームヒルトは「初夜にブリュンヒルドの初めてを奪ったのはジーフリトである」と放言し、ブリュンヒルドを罵倒してしまう。これを信じて落胆したブリュンヒルドは、夫グンテルの配下ハゲネの「妻の罪は夫（ジーフリト）の責任だ」という提言に乗ってしまう。夫人の同意を得たハゲネはジーフリトの暗殺を計画し、クリームヒルトを巧みにあざむいて、彼の不死身の肉体に唯一存在する弱点を聞き出すと、ジーフリトを狩りに誘い、そこで殺してしまった。

　ジーフリトの死後、ブリュンヒルドは、国に留まることになったクリームヒルトを見下すような態度を見せたのち、以降の物語には一切登場しない。『ニーベルンゲンの歌』でのジーフリトの死は、いわば物語の折り返し地点であり、後半はクリームヒルトによる復讐の話が展開していくのだが、不思議なことに仇のひとりであるはずのブリュンヒルドが登場することは一度もなく、生死すら不明なのである。

もうひとりのブリュンヒルド

　『ニーベルンゲンの歌』は、現在のドイツ周辺に伝わる物語だが、ドイツの北方、北欧の神話にもブリュンヒルドが登場する。なお、『ニーベルンゲンの歌』と北欧神話の物語には非常に似ている部分が多いが、これは過去に存在したひとつの物語が各地域に伝わり、別々に発展したためだと考えられている。

　北欧神話における"ブリュンヒルデ"は女王ではなく、戦場で死んだ有能な戦士の魂を天上の「ヴァルハラ」に運ぶ、ヴァルキリーという神秘的な存在である。

　最高神オーディンの命令に背いたために山の頂上で眠りについていた彼女を起こしたのが「シグルズ」（『ニーベルンゲンの歌』のジーフリトにあたる）だ。ブリュンヒルデとシグルズは永遠の愛を誓うが、謀略によって引き裂かれる。しかも、シグルズは忘れ薬で記憶を失い、親友のグンナルがブリュンヒルデと結婚するために、試練を肩代わりしてしまう。つまり彼は、自分の恋人を親友に与えてしまったのだ。

　この後『ニーベルンゲンの歌』と同じように、ブリュンヒルデとジーフリトの妻が口論となり、彼女を起こす試練を行ったのはシグルズだと暴露、怒ったブリュンヒルデは夫に命令してシグルズとその子供を殺させてしまっている。『ニーベルンゲンの歌』との違いは、この後ブリュンヒルデはシグルズのあとを追って自殺したことだ。

ここではブリュンヒルド殿を「戦場の乙女」として紹介してもらいましたが、ライバルのクリームヒルト殿も相当な女傑ではないでしょうか……このあと、手下が捕らえた仇の首を、2回も自分ではねていますよ……。

世界の戦場の乙女事情③
ヨーロッパの女性と戦場の乙女

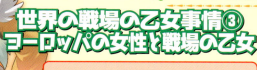

私たちの地元、ヨーロッパの事情をお話しします、ヴァルキリーのウェルルゥです！
ヨーロッパで人気がある「キリスト教」って、女の子が戦うのをよく思わない宗教だから、「戦場の乙女」って呼ばれるような女の子は、よほどの「ワケアリ」じゃないと出てきません。
いわゆるレアキャラって気がするよ～！

　今から1700年前、当時のヨーロッパを支配していたローマ帝国がキリスト教を国教として以来、ヨーロッパではキリスト教の価値観にもとづき、男性中心の社会構造が確立されていた。

　家族の長として男性が権力を握り、女性は子をなして家を守るという価値観が広まっていたため、ヨーロッパのキリスト教社会では、以下のような特別な事情がないかぎり、女性が戦いの場に出てくることは滅多にない。

事情① 女王や女貴族が当主である

王位や貴族の位を継ぐ男子がいないときなどに、女性がその当主となることがある。その場合、当主となった女性が戦争を指揮するのはめずらしいことではない。

事情② 都市が攻められている

都市や城などの支配者が不在のときに攻撃を受けると、本来の支配者の妻や母親が指揮官となることがある。これには、居残った部下たちの忠誠心をつなぎとめる効果がある。

事情③ 国家が存亡の危機にある

国が滅ぶ寸前など、所属する勢力が危機的状況にある場合は、男女の区別なく英雄的存在が求められる。典型的な例はジャンヌ・ダルク（→p26）である。

事情④ 社会から飛び出した無法者

男性優位の一般社会から飛び出せば、そこは金と力がすべての実力社会で、有能な女性が活躍する余地がある。典型的な例は、メアリー・リード（→p94）のような海賊だ。

つまり、いろんな意味でピンチになると、女性も戦場に出てくるということですね。私もそのパターンです。祖国が危機でなければ、神託が下ることもなかったでしょうから。

自分も、戦争がなければ兄の鉄砲をいじっていただけで終わっていたと思います。そこは日本も同じですよ。
だからといって負ける気はまったくありませんけれどね！

アーサー王の娘は女騎士だった!
メローラ

出典:『恋するオルランド』(著:マッテーオ・M・ボイアルド)、『狂えるオルランド』
(著:ルドヴィーコ・アリオスト)　出自:フランク王国の王族／サラセン人　出身地:フランス／不明

お姫様から男装の騎士へ

　世界でもっとも有名な騎士物語である『アーサー王伝説』。精鋭騎士団「円卓の騎士」を従えるアーサー王の存在は非常に有名だが、その娘が勇敢な女騎士だったとする物語はあまり知られていない。アーサー王の娘メローラは、15世紀アイルランドの手稿に残された物語『メローラとオーランドの冒険』の主人公のひとりである。

　メローラは英雄王アーサーの血ゆえか、男性の騎士顔負けの武勇を誇り、また非常に賢い女性でもあった。物語中で彼女は男装して流浪の騎士を装うが、そのときはみずからを「青き衣の騎士」と名乗っている。

男装王女の大冒険

　メローラの活躍は、物語の中盤から始まる。メローラは、物語前半の主人公であるアーサー王の騎士オーランドと恋に落ちる。だがそんな彼が気にくわない騎士マドールは、アーサー王の相談役である魔術師マーリンと共謀し、ひそかにオーランドに魔法をかけた。オーランドは声を潰され、暗闇の岩牢に閉じ込められてしまう。

　恋人オーランドが行方不明になったことで、マドールを怪しんだメローラは、マドールに気が移った振りをして誘惑し、オーランドの所在と救出法を聞き出した。オーランドを救うには、牢を囲む岩を割るために、バビロン王が持つ「ロンギヌスの槍」。暗闇を打ち払うために、インド王が持つ「カーバンクルの石」。声を取り戻すために、アジア王が持つ「トゥイスの豚の油」が必要だという。それを聞いたメローラは、3つの宝を求めて、鎧を着込んで青いマントを羽織り、男装して城を抜け出したのだ。

　メローラには武力も幸運も知略もあった。バビロンでは戦争に参加して功を上げ、アジアではアジア王に捕まるが幸運にも脱出でき、インドではインド王と巧みに交渉した。そしてついに3つの宝を手に入れたのである。

　故郷に帰ったメローラは、正体を隠したまま「オーランドとメローラの所在を教えましょう」と言って、アーサー王や配下の騎士たちとともに岩牢に向かい、3つの宝でオーランドを助け出して正体を明かし、すべてを王に説明した。マドールとマーリンは死刑になるところだったが、メローラが命乞いをしてやったことで追放の刑で済まされた。そしてメローラはオーランドに嫁入りすることになったという。

アーサー王の娘というと正義のイメージがありそうだが、実は意外に腹黒なこともやっている。インド王をだまして監禁したり、アジア王の城に潜入したり……ふふっ、恋する娘は無敵だな。

恋する乙女の頂上決戦!
ブラダマンテ&マルフィーザ

出典:『恋するオルランド』(著:マッテーオ・マリーア・ボイアルド)
『狂えるオルランド』(著:ルドヴィーコ・アリオスト) 出身地:フランス 不明

英雄を支えるふたりのヒロイン

　日本の奈良時代にあたる8世紀のヨーロッパでは、カール大帝(フランス語ではシャルルマーニュ)が、現在のフランス、ドイツ、イタリアにまたがる大帝国「フランク王国」を築き上げた。フランク王国の崩壊後、ヨーロッパには『シャルルマーニュ伝説』と呼ばれる、大帝と彼のもとに集った勇士たちの物語が生まれた。この物語群は日本でも有名な『アーサー王伝説』に匹敵する人気があり、現在まで広く語り継がれている。

　そのうちの1作に、15世紀末にイタリアで書かれた『恋するオルランド』がある。この作品は未完で終わったため、フェラーラ(現イタリア北部にあった都市国家)の官僚アリオストが続編として『狂えるオルランド』を執筆した。

　これらの物語にはギリシャ神話の英雄ヘクトルの血を引く騎士ルッジェーロと、彼を支えるふたりのヒロインが登場する。ルッジェーロの恋人である女騎士ブラダマンテ、そしてルッジェーロの双子の妹である女戦士マルフィーザである。

敵味方に分かたれた恋人たち

　ブラダマンテはフランク王国の大貴族の娘にして、シャルルマーニュの姪にも当たる由緒正しい家柄であるが、女性ながら剣を手に戦う勇敢な女騎士である。作中の描写によれば、兜の白い羽根飾りがトレードマークの美人で、敵の戦士を一撃で倒せるほどに強い。彼女の兄のリナルドは、シャルルマーニュ配下の騎士でも特に優れた12人のひとりに数えられている。

　一方、作中で彼女の恋人となるルッジェーロは、当初はシャルルマーニュと敵対しているサラセン人(イスラム教徒のこと)の騎士として登場する。ルッジェーロはギリシャ神話の英雄ヘクトルの子孫である騎士と、アフリカ王の娘のあいだに生まれた子だが、父が陰謀によって殺されたため、魔法使いアトラントによって養育された。やがて彼は自分の出自を知らぬまま、サラセン人の王の勧誘を受けて、シャルルマーニュとの戦いに参加する。

　敵として出会ったブラダマンテとルッジェーロであったが、ふたりはたちまち恋に落ちる。ふたりの恋の障害は敵味方という立場、そしてルッジェーロの養父アトラントだった。アトラントは「ルッジェーロがキリスト教徒となった場合、ルッジェーロは裏切りによって殺される」と予言していたため、ブラダマンテに夢中になるルッジェーロを誘拐して連れ帰ろうとするのである。騎士物語ではお姫様が誘拐されるのがお約束であるが、本作では精強な騎士であるルッジェーロがさらわれているのが面白い。

ルッジェーロがさらわれるたびに、ブラダマンテは彼を取り戻すべく戦いを挑んだ。そしてブラダマンテが勝利したあと、なお養い子の不幸な未来を嘆くアトラントに向かい、「自分の策が失敗すると予見できなかった者が、どうしてルッジェーロの運命を予言できるものか」と言い放っている。

不幸をねじふせた征服女王

男性騎士を打ち負かし、魔法使いにも屈しないブラダマンテもすごいが、ルッジェーロの双子の妹であるマルフィーザは、彼女をも上回る恐るべき女傑である。

マルフィーザは兄と一緒に魔法使いアトラントに育てられていたが、7歳で誘拐されて兄と生き別れ、奴隷としてペルシア王に売られてしまった。成人すると、彼女は王に襲われそうになったところを家臣もろとも返り討ちにし、なんと国を奪ってしまう。マルフィーザはそのまま各地を転戦して、18歳のころには7つの国を武力で手中に収める女王に成り上がっていたのだ。その後彼女は、高名なシャルルマーニュの騎士と戦って腕試しをしたいと思い、はるばるフランク王国にやってきた。

マルフィーザは男性騎士まで含めても、作中でトップクラスの武勇の持ち主として描かれている。馬上槍試合では何人もの騎士を次々に打ち倒す活躍をし、船が難破して「女族」の土地に流れ着いたときには女族との試合で9人抜きを達成している。一方でたいへんな美女でもあり、鎧を脱いで女性らしく着飾ったときは、彼女をめぐって複数の騎士が争うこととなった。

女帝と女騎士、夢のバトル

作中では、このふたりの女騎士による夢の対決が実現している。ブラダマンテは、負傷したルッジェーロを親しげに看病する女性がいると聞き、彼が浮気したと誤解してマルフィーザに戦いを挑んだのだ。

ブラダマンテは「触れた相手がかならず転倒する」魔法の槍でマルフィーザに膝をつかせることに成功。だがマルフィーザの戦意は衰えず、ルッジェーロが必死で仲裁しても戦いは止まらない。最終的には、すでに死亡していたアトラントの霊が、ふたりは双子の兄弟だと説明したことでようやく浮気の疑いが晴れた。

以降、ブラダマンテとマルフィーザは親友となり、ルッジェーロ兄妹はともにシャルルマーニュの配下となった。物語は、ブラダマンテとルッジェーロが多くの障害を乗り越えて結婚したところで終わっている。

ブラダマンテとマルフィーザの戦いを止めに入るルッジェーロ。1877年、フランス人画家ギュスターヴ・ドレ画。

実はアトラントとやらの予言は正しいのです。ルッジェーロさんは7年後に裏切りで殺され、その仇をこのふたりが取ることが物語の最後で示唆されているそうです。やはり運命には逆らえませんね……。

恋人のためなら神をも変える
クロリンダ

出典:『解放されたエルサレム』(著:タッソ・トルクァート 16世紀イタリア)
出自:エチオピアの王族 出身地:エチオピア

白い肌のイスラム女騎士

1099年、キリスト教の聖地エルサレムをイスラム教徒から奪回するべく、ヨーロッパ諸国が中東に遠征軍を派遣した。第1回「十字軍」である。16世紀イタリアで書かれた物語『解放されたエルサレム』は、この第1回十字軍を舞台にした小説である。騎士、姫、魔女など多くの人物が織りなす物語のなかに、キリスト教徒の騎士と、イスラム教徒の女騎士の悲恋を描いたエピソードが含まれている。

女騎士クロリンダは、白いマントと白銀の兜をかぶり、長く美しい金髪がトレードマークの美人剣士だ。凛とした風情で、美人ながら一本筋の通った気高さをあわせ持っている。その正体はアフリカ東部エチオピアの王の娘だが、白い肌で生まれたため、彼女の母親は不貞を疑われるのを恐れて召使いの子供と入れ替えた。召使いはクロリンダを連れてエジプトに逃げ、イスラム教徒として育てた。

幼いころから女性らしい仕草や慣習を嫌い、武術や馬術にはげんだ彼女は女性ながら立派な騎士となった。戦場では馬に乗って先陣をつとめ、味方を激励して指揮を高めるなど、作中では正義感が強く、有能で公正な指揮官として描かれている。

騎士タンクレーディとの悲恋

エルサレムで両軍が激突したあと、クロリンダは森の泉でキリスト教徒の騎士タンクレーディと出会う。彼女の姿に雷に打たれたように恋に落ちたタンクレーディは、敵であるクロリンダを巧みに森に連れ出し、自分の思いを告白した。しかし、そこへ敵と味方が乱入し、ふたりは離ればなれになってしまう。

後日、クロリンダは顔を隠してキリスト教徒軍に潜入し、攻城櫓に火をつける作戦を任された。作戦は成功するが、敵陣を脱出する途上でタンクレーディが彼女を発見。クロリンダは顔をかくし、鎧を脱いでいたため、彼は目の前の侵入者の正体に気づかないまま一騎討ちを申し込み、彼女に致命の一撃を見舞ってしまう。

タンクレーディは、侵入者の兜を取って初めてその正体に気がついた。死の間際にクロリンダはキリスト教の洗礼を求め、タンクレーディは後悔にうちひしがれながら洗礼を施した。こうしてクロリンダは、自分を愛する男性の胸の中で、キリスト教徒として天に召されたのである。

このお話のもうひとりの主役であるタンクレーディ殿は、イスラム勢のエルミーニアという女性にも恋心を寄せられているとか。なんともまあ女泣かせな御仁だなあ。

強い女たちの物語
ブリトマート&ベルフィービー

出典:『妖精の女王』(著:エドマンド・スペンサー　16世紀イギリス)
出自:ウェールズの王家／妖精　出身地:南ウェールズ／不明

女王エリザベスに捧げられたふたりの女戦士

　16世紀イギリスの詩人エドマンド・スペンサーの長編叙事詩『妖精の女王』は、同じくイギリスの物語『アーサー王伝説』を題材に作られた作品である。この詩はイングランド王国の全盛期の土台を築き上げた女王エリザベス1世に捧げられたものであり、物語の各所で女性が勇ましい活躍を見せている。なかでも代表的なのは、女騎士ブリトマートと、女弓手ベルフィービーである。

ブリトンの姫騎士ブリトマート

　ブリトマートはイングランドの西隣、ウェールズ南部を統治する国の王女で、その名前には「戦うブリトン乙女」という意味がある。女性のなかでは身長が高く、力が強かった。髪はみごとな金髪で、まっすぐ伸ばせばかかとまで届くほど長かった。

　ブリトマート姫の冒険は、一途な恋心から始まった。あるとき、ブリトマートが父王の持つ、見る人の思い浮かんだものを映す「魔法の鏡」をのぞきこみ、「いつか私が好きになる男の人」のことを考えてみた。するとそこにはみごとな鎧を着た凛々しい騎士アーティガルの姿が映り、姫は彼のことが忘れられなくなった。姫を愛する乳母は、とうとう無鉄砲な頭で大胆な方法を考え出し、姫がこの物騒な世の中で騎士アーティガルを探しに行けるよう、彼女を騎士に仕立て上げることにしたのだ。

　ブリトマート姫は鎧を身につけ、長い髪を頭頂でたばねて兜に隠すと、その姿はたぐいまれな美男の騎士に見えた。さらには城の財宝からすばらしい武器防具を拝借し、城を抜け出したのである。持ち出した武具のなかでも特筆すべきは、太古のブリトン王ブレイダッドが魔法の力で作った槍である。この槍には、相手の騎士をかならず地面に叩き落す力が備わっていた。もともと武勇に優れたブリトマートがこの槍を扱えばまさに無敵であり、彼女は多くの剛の者をこの槍で打ち倒している。

　やがてブリトマートは、見たことのない鎧に身を包んだ騎士と武芸を競うことになる。実はこの騎士こそブリトマートの思い人アーティガルだったのだが、彼は魔法の鏡で見られたときとは違う鎧を着て、兜をかぶっていたため、ブリトマートはその正体に気づかなかったのだ。アーティガルのほうも目の前の騎士がまさか女性だとは思いもしなかったので、戦いは激しいものになった。ブリトマートの魔法の槍によってアーティガルは落馬するが、ひるまず剣を抜いて戦い、ブリトマートを圧倒して兜を打ち下ろす。すると戦いに紅潮したブリトマートの美しい顔があらわれ、長い金髪はほどけて肩に流れたので、自分の対戦相手が女性だと知ったアーティガルは動揺し、兜の面覆いを上

神話伝承の乙女

げて顔を出した。そのためブリトマートも相手の騎士が愛しのアーティガルだと気づき、ここに姫騎士ブリトマートの旅の目的は達成されたのである。

美しき狩人ベルフィービー

　ブリトマートとアーティガルはたちまち恋に落ち、婚約を交わしたが、アーティガルはまだ別の探索の旅を成し遂げなければならなかった。この探索の旅に登場するのがベルフィービーという、妖精族の女弓手である。髪はちぢれた金髪で、狩人の服を身につけ、矢筒の紐が両胸の間に通されている。

　この「フィービー」とは、ギリシャ神話に登場する狩猟と月の処女神アルテミスのことを話すときの決まり文句だ。つまり彼女の名前は「美しきアルテミス」という意味になる。狩りの女神の名前にふさわしく、作中では毛むくじゃらの巨人をただ1本の矢で射殺などの武勇を見せている。

　男性の好色な目線を嫌って森のなかで狩猟生活を営む彼女だが、アーサー王の従者ティミアスの傷の手当てをしたことから、やがて彼と恋に落ち結ばれるのである。

　ベルフィービーは『妖精の女王』のなかでも非常に人気のあるキャラクターであり、しばしば絵画に描かれ、欧米における女戦士のイメージに大きな影響を与えた。また、20世紀になると、この『妖精の女王』の世界に現代人が迷い込むというパロディSF『妖精郷の騎士』が発表された。本作では主人公の現代人ハロルドがベルフィービーに惚れ込み、彼女を口説き落として現代に連れ帰り妻にするという、男性の夢にあふれた物語が展開されている。

アマゾンの女王ラディガンド

　姫騎士ブリトマートの宿敵もまた女戦士である。アマゾン（ギリシャ神話の女部族アマゾネスのこと。107ページ参照）の女王であるラディガンドだ。

　ブリトマートと婚約したアーティガルは、探索の旅の途中、女たちに縛り首にされそうになっていた騎士を救出する。何があったのかと尋ねると、アマゾンの女王ラディガンドがある騎士に言い寄ったのだが拒否されたため、逆恨みですべての騎士に恨みを持つようになった。以降ラディガンドは、騎士を捕らえて「女の服を着て女の仕事をするか、しばり首になるか選べ」と強要するようになったのだという。

　アーティガルは女王をこらしめに行ったが、相手が悪すぎた。そもそも正義の騎士である彼は、女性を打つことができない性分なのだ。彼は敗れて捕えられ、女の服を着て糸をつむぐ羽目になった。これを聞いたブリトマートは婚約者を救出に行き、ラディガンドの頭蓋を打ち割ってアーティガルを解放し、女の服を脱がせて立派な鎧を着せたという。ブリトマートとアーティガルの物語は、女の男装と男の女装という刺激的なテーマを含む物語で、『妖精の女王』のなかでも特に高い人気を博している。

むう、この小説、カトリックに対する悪口が多すぎませんか？ ……なるほど、英国の女王がプロテスタントだから、その敵のカトリックを攻撃しているのですね。これだからイングランド人は。

エリザベス1世

本人が戦場に出たわけじゃないので「戦場の乙女」ではないけど、女性の強さを知るときに絶対外せない女王様がいるってことなので、ここで紹介しますねー。イングランドの女王様、エリザベス1世様です！ もしこの女王様が戦場にも出てたら、世界の女王様のなかでも屈指の英雄になった気がするよ〜！

　1914年にヨーロッパで第一次世界大戦がはじまるまで、イギリスは世界の最強国であり、七つの海をその手に収める世界の支配者だった。「大英帝国」とも呼ばれる覇権国家イギリスの基礎を作ったのは、それから約350年前、1559年にイングランドの女王となった処女王「エリザベス1世」だと考えられている。

　エリザベス女王は、宗教的混乱に揺れるヨーロッパを尻目に「英国国教会」という宗派を作って国教に仕立て上げ、混乱を治めると、1588年には大航海時代の主役だったスペインの「無敵艦隊」を撃破して世界の海を手に入れたのだ。1600年にはインドに「東インド会社」を設立して植民地支配を開始。エリザベスが1603年に亡くなったあとも、イギリスは植民地をカリブ海、北アメリカなどに広げ、東はアジアから西はアメリカにまで至る地球規模の大帝国を作りあげることになったのである。

女王エリザベスの素顔

　イギリスの人々は、女王エリザベス1世が統治した時代はイギリスの黄金時代であり、彼女を理想的で最高の君主だと考えている。だが実際の彼女の治世は苦難の連続であり、彼女自身も理想の女王というわけではなかった。

　エリザベスは5カ国語をあやつる才女で、豊かな知性を有していた。だが、王族にあるまじき悪ふざけや生活態度を見せ、恩義ある義母の夫と「火遊び」をするなど、お転婆という言葉の範囲にはおさまらないくらいの「不良」だった。

　エリザベスは生涯を独身で過ごした処女王とされているが、実際には側近の男と「いい仲」になっていたのが公然の秘密だった。"英国を勝利に導いた戦女王"というイメージも誇張が大きく、エリザベスの外交政策は和平と防衛が基本だったし、しぶしぶ許可した外国侵攻にも失敗している。ただし、エリザベスの外交と策略は、イングランド王国にとって悩みの種だった北の隣国「スコットランド王国」の合併吸収を成功させ、最大の山場であったスペインとの海戦にも勝利したのも事実だ。のちに英国の政情が不安定になると、イギリス人はエリザベスの統治時代のよかった点"のみ"をなつかしみ、彼女を理想の女王として持ち上げたのである。

イングランド人は戦争したがりばかりかと思っていましたが、ちゃんと対話と交渉ができる女王もいるではないですか。私の時代の女王が彼女なら、イングランド人の無益な死は減ったに違いありませんよ。

白馬に乗った、お姫様?
"男になりすました王女"

出典：ルーマニアの民話『男になりすました王女』　出自：王族　出身地：とある小国

人質になるために男装した王女様

「勇敢な王子が試練を乗り越えて美しい女性と結ばれる」。世界中のおとぎ話で見られる物語のあらすじだ。しかし東欧の国ルーマニアには、少々変わった童話が伝わっている。その物語では、美しい女性と"王女様"が結ばれたのだ。

民話『男になりすました王女』は、男性騎士に扮した王女が、人語を話す馬の助けを借りながら数々の試練を乗り越えていく物語だ。

物語によれば、王女の父は小さな国の王だった。しかし強大な皇帝に服従することとなり「10年間、息子をひとり人質に差し出せ」と要求される。しかし、国王には息子がなく、子供は3人の娘のみ。娘たちはみな「私が男になりすまして人質になる」と言うが、国王が条件として出した試練を達成したのは末の王女だけだった。彼女は国王の愛馬"人語を話せる馬"の助けを借りて、父の試練を乗り越えたのである。

王女は男装して鎧に身を包み、人語を話せる馬にまたがって皇帝の城へと向かう。王女は道中で、争う魔神の片方に助力し、人語を話す馬の弟馬サンライトを手に入れる。兄馬は老いを理由に城に戻り、以降は弟馬の助言で窮地を脱していくのだ。

呪いの力で王子様に

王女は皇帝の城に到着し、人質としての生活をはじめる。だが皇帝は、王女になにかと無理難題を押しつけてくる。例えば「絶世の美女イリアネを連れてくる」「イリアネの飼っている馬をすべて連れてくる」といった具合である。この探索の途中では、以前手助けしてやった魔神や、その母親から襲われるなどの危機があったが、持ち前の勇敢さとサンライトの助言をうまく活かして魔神を倒し、任務を達成し続けた。

最後の難題として、王女は皇帝に「修道院にある聖水のビンをとってくる」ように言われる。この任務が王女を"文字どおり"大きく変えることになる。

愛馬の助言もあり王女は聖水を盗み出すが、怒った修道女たちが、王女に呪いをかけたのだ。その呪いとは「あの盗人が男なら女になれ、女なら男になれ」というものだった。盗人が男でも女でも困るだろうと思ってかけられた呪いだったが、王女にとっては呪いどころか祝福でしかない。呪いの力で男性になった王女は、もう性別をごまかす必要がなくなったのである。

ちなみにこの皇帝、王女いじめに怒ったイリアネさんの策略で殺されてしまうんだって。そして王女様あらため王子様が、次の皇帝になってイリアネさんと結婚したんだが……めでたしめでたし、でいいのかなぁ？

illustrated by B.tarou

民間で生まれた綺羅星たち
関銀屏&鮑三娘

出典:中国の民間伝承/『花関索伝』 出自:関羽の娘/鮑凱の娘 出身地:不明/不明

軍神「関羽」の娘:関銀屏

　王異（➡p74）の活躍した三国時代の歴史からは、日本でもよく知られる『三国志演義』をはじめとした物語や、各地域で独自の伝承が生まれたりした。関銀屏と鮑三娘のふたりも、そうした物語や伝承に登場する女傑たちである。

　関銀屏は、『三国志』のなかでも屈指の猛将、関羽の娘だ。色白で非常に美しく、特に関羽の義弟である張飛が彼女をかわいがったという。"銀屏"という名前も、張飛がつけたものだといわれている。

　年ごろになった銀屏のもとには、縁談が絶えなかった。あるとき、三国のひとつ呉の支配者である孫権が「自分の息子の妻に」と使者を送る。しかし関羽は使者を一喝して追い返した。この関羽の行動に孫権は怒り、なんと武力で銀屏を奪おうと、関羽の守る領地に軍を送り込んだ。銀屏は本国に援軍を頼むべく戦地を離れていたため難を逃れたものの、父関羽とほかの兄弟たちは死んでしまう。

　家族の死に、銀屏は仇討ちを誓い、武術を学ぶとめきめきと上達していく。その後、蜀の武将と結婚した銀屏は、蜀に反乱を起こした南方の民族を鎮圧するため従軍し、夫ともどもおおいに活躍したという。反乱の鎮圧後も、彼女は死ぬまで南方に駐留し続け、地元の民族と交流して慕われたという。

蜀の夫婦武将:鮑三娘

　もうひとりの女傑、鮑三娘は14～16世紀の明の時代に書かれたとされる作品『花関索伝』に登場する女傑だ。この作品は、関羽の3番目の息子である関索（史実に関索という人物はおらず、架空の存在とされる）が活躍する物語だ。

　鮑三娘は鮑凱という地主の娘で、武芸に秀でていた。美人で求婚者が絶えなかったが、鮑三娘は「自分と戦って勝ったものでないと結婚しない」と宣言しており、名乗り出た求婚者の誰もが、彼女に勝てなかった。

　あるとき、鮑凱の治める地に来た関索が鮑三娘を打ち負かし、宣言どおり彼女は関索と結婚。その後、関索は父のいる蜀の武将として多数の勲功をあげた。鮑三娘も夫に付き従い、鎧兜で武装して戦場で戦った。夫の関索はのちに戦死してしまうが、鮑三娘その後も戦い続け、配属された領地を守り続けたという。

『三国志』をもとにした創作作品や伝承では、彼女たちのような架空の武将がかなり多い。特に銀屏の父親である関羽のまわりには、架空の息子に架空の従者など、オリジナルキャラが山盛りだ。

はかない花にはご用心！
扈三娘(こさんじょう)

出典：『水滸伝』　出自：扈家の娘　出身地：現在の中国 山東省済寧市梁山県

中原を駆ける双刀の美剣士

　中国では、自国で特に評価の高い4本の長編小説を「四大奇書」と呼んでいる。その四大奇書のひとつ『水滸伝』は、中国の宗の時代を舞台に、宿命に導かれた108人のアウトロー「百八星」が、「梁山泊」という沼地を拠点にレジスタンス組織を結成し、腐敗した悪徳官吏たちを倒す物語である。

　百八星のメンバーのなかには、武芸に長けた3人の女性が含まれているが、そのなかでも特に人気が高いのが扈三娘という女剣士である。彼女は梁山泊に近い村の良家に生まれたお嬢様で、「天然の美貌は海棠(かいどう)の花」と詠われるほどの美人だった。なお、海棠の花とはリンゴの花に似た紅くて小さな花だ。だが、このはかなげな外見に反して扈三娘は武芸の達人であり、二刀流の扱いと、縄を投げて敵を捕らえる技術に長けている。彼女の得意技は、はかなげな容姿を見せて女だとあなどらせ、その隙を突いて敵を圧倒し捕らえてしまうことだ。彼女はこの作戦で、片手の指では数え切れないほどの敵将を捕らえ、梁山泊の勝利に貢献している。

無双の剣士も世間には勝てず

　扈三娘は、家の都合や周囲の都合に振り回され、自分の意志で人生を決めることができない当時の名家の子女の悲哀が込められたキャラクターとなっている。

　物語に登場したときの扈三娘は、梁山泊と敵対する立場だった。扈三娘の村には彼女の実家「扈家」を含む3つの有力な家があり、彼女はそのひとつ「祝家」に嫁ぐことが決まっていた。だが祝家が梁山泊とのいざこざから戦争をすることになり、扈三娘は許嫁の家への援軍として戦いに参加したのだ。彼女は自分の美貌に見惚れていた梁山泊の敵将「王英(おうえい)」を生け捕りにするが、敵を深追いしすぎて逆に捕らえられ、梁山泊の捕虜となっている。

　しかも捕虜として捕らえられているあいだ、不幸な行き違いから梁山泊の武将が扈三娘の家族を皆殺しにしてしまった。行き場がなくなってしまった扈三娘は、梁山泊の頭領である宋江の強いすすめで、かつて扈三娘が捕らえた、女好きで短足の槍使い王英と結婚することになってしまう。結局扈三娘は、実家にいるうちはもちろん、身寄りが亡くなっても、結婚相手を自分で選ぶことができなかったのだ。

「百八星」の女性は上で言ったとおり3人だけだが、敵方にも女武将が多い。特に瓊英という武将は16歳の美少女で、石つぶての投擲術で扈三娘と名勝負を繰り広げている。

親孝行は生きて帰ること
ムーラン

出典：『木蘭辞』（6世紀中国）　出自：農民　出身地：北魏（現在の中国北部）

10年を男として戦い抜いた孝行娘

　6世紀中国の作品『木蘭辞』は、伝説上の女兵士「花木蘭」を主人公とした叙事詩である。日本では原典そのものはあまり知られていないが、ディズニー映画『ムーラン』の原題だと言えばわかる人もいるだろう。

　物語の舞台となるのは、5世紀の中国である。聖徳太子が隋の煬帝に「日出ずる国の天子～」で始まる有名な外交文を送ったときから100年あまり前の時代だ。このころ中国は南部と北部が別々の国に統治されている「南北朝時代」であり、中国北部には「北魏」という国が建てられていた。

　ムーランは北魏のありふれた村の娘で、老いた両親と幼い弟や妹とともに暮らしていた。だが北魏の国に北の異民族が攻めてきたため、皇帝は国内の家々から兵士をひとりずつ徴兵し、戦争に送り出すことを決めた。当然ムーランの家からも兵士をひとり出さなければいけないが、父は老いており、弟はまだ幼い。そこでムーランは、家族の代わりに自分が男装して兵士になることを決めたのだ。

　ムーランが所属した部隊はたび重なる激戦で、将軍すら戦死するという大打撃を受けるが、彼女は10年間におよぶ遠征を生き延びた。数々の武勲で地位は12等級も上がり、褒美は百千にも及んだ。皇帝は彼女の望みを聞いたが、ムーランは「官職などいりません。故郷に帰りたい」と答えたので、皇帝は戦友たちにムーランを故郷へ送らせた。帰宅した木蘭は軍服を脱ぎ、本来の女の服を着て、戦友たちの前に立ったという。戦友たちはこのときはじめて、ムーランが女性だと知ったのだ。

多彩に描かれたムーランの物語

　『木蘭辞』は多くの派生作品が作られ、物語の内容が微妙に異なる。

　京劇という中国風演劇の演目『木蘭出征』では、ムーランは武芸の達人で、元帥の危機を救い、同郷の兵士と義兄弟の契りを交わす。ラストでは名家の娘との縁談を持ってきた元帥たちの前に、娘に戻ったムーランが登場というオチが待っている。

　『隋唐演義』という作品では、ムーランは女ばかりの敵部隊に捕らえられるが、ムーランが女と知った敵指揮官と意気投合して義姉妹となる。だが敵の皇帝から愛人になるよう求められ、それを拒絶するために自殺してしまうという悲劇になっている。

ムーランさんの姓は、作品ごとに違うものが多いらしいね。架空の人物だから仕方がないけれど、「花」だけでなく「朱」「木」「魏」と、あまりに種類が多すぎる。中国の人は困らないのかな？

英雄だろうと容赦しない！
サイカル

出典：『マナス』　**出自**：カルマク族　**出身地**：キルギス

男も震え上がらせる女武芸者

　中国の西にある、中央アジアの国「キルギス共和国」。ここには『マナス』という、世界で一番長いとされる英雄物語が伝えられている。これは、マナスという英雄とその子孫による領土争いや民族争いを描いたものだ。

　この『マナス』には、英雄マナスと死闘を繰り広げたサイカルという女戦士が登場している。彼女はマナスたちキルギス族とは敵対する、カルマク族の娘だ。男装していたが非常に美しく、『マナス』では彼女の容姿を誉める描写が何度もある。

　サイカルとマナスが戦ったのは、マナスがカルマク族との争いに勝ち、祝勝会を開いたときだ。マナスはカルマク族から略奪などを行おうとせず、自殺した統治者の代わりを選ぶよう彼らに言っただけなので、敗者であるカルマク族も宴に参加していた。この祝勝会で、馬上で戦い相手を落馬させる「馬上槍試合」が開かれようとしたのだが、争いに負けていたカルマク族の戦士たちはみな名乗り出ようとしなかった。

　このとき颯爽とあらわれたのがサイカルだ。おさげ髪をたらして甲冑に身を包み、槍と斧、盾で武装してあらわれて対戦相手を求めたのだった。この勇ましい姿に、勝者であるキルギス族の戦士も怖じ気づき、相手になりたがらなかった。ここで「俺に女の相手をさせたな」と怒りながらも、マナスが名乗り出たのである。

主人公との勝負のゆくえ

　サイカルとマナスの馬上槍試合は、はじめはサイカルの有利に進んだ。というのも、マナスはサイカルが美人だったので、なるべく傷つけないよう手加減をしていたのだ。しかし、そんなことは知らないサイカルの斧がマナスの盾を打ち、繰り出した槍がマナスの鎧を砕いて彼を傷つける。さすがのマナスも焦り「女に負けるなど世界の恥さらしだ」と激昂してやり返し、お互いに激しく打ちあった。

　最後は危険を感じたサイカルが自分の陣地へ逃げ帰り、戦いは終了してしまった。

　馬上槍試合はマナスの勝利となったが、マナスも相当なダメージを受けてしまっていた。『マナス』には巨人や竜のような怪物も登場するが、マナスはそうした怪物すら打ち負かす剛勇の戦士である。そのマナス相手に、はじめ手加減をされていたとはいえ善戦したサイカルはかなりの武勇の持ち主だったといえるだろう。

馬上試合といえば、我らヨーロッパの、ランスで突きあって相手を落とせば勝ちという「トーナメント」が有名ですが、この試合は馬上で普通に武器を振って戦い、相手を落馬させるルールだそうです。

知恵と色気で男に勝つ！ モルジアナ

出典：『アリ・ババと40人の盗賊』 出自：不明 出身地：アラビア半島

養父を守った孝行娘

「開け、ゴマ」の呪文で、有名すぎるほどに有名な『アリ・ババと40人の盗賊』。しかし、実際にその物語を詳細に追ってみると、物語中でもっとも英雄的な活躍をしているのは主人公のアリ・ババではない。主人公である貧しく真面目なアリ・ババを大金持ちにし、その財産を狙う敵を排除したのは、アリ・ババの兄が所有していたモルジアナという聡明な女奴隷なのだ。

モルジアナは人当たりがよく、器用で賢い女性だった。作中では「恋するカモシカのような目、引き絞った弓のような眉」と、その美少女ぶりを表現している。またアラビア女性のたしなみである舞も本職級で、見る者を魅了してやまない。

彼女の所有者であるカシムは、金持ちだが強欲な男だった。弟アリ・ババから聞き出した「40人の盗賊の財宝」を盗もうとして失敗し、盗賊に殺されてしまう。やむなくアリ・ババが兄の家と財産を引き継ぐと、モルジアナは奴隷ではなくアリ・ババの養女となり、恩義あるアリ・ババを守るためにその知恵と勇気を振り絞るのである。

知恵と覚悟と少しの剣技

カシムの失敗により宝のありかを何者かに知られていることに気づいた盗賊団は、その相手を始末するためにさまざまな手を繰り出してくる。

あるときアリ・ババの存在が知られてしまい、盗賊の手下がアリ・ババの家の目印として彼の家に印をつけた。するとモルジアナは機転をきかせ、周囲のすべての家に同じ印を書き、どの家がアリ・ババの家かわからなくして難を逃れる。

盗賊団が油売りの行商人に化けて屋敷に入り込んだことに気づくと、彼女は油商人が持ち込んだ壺すべてに、煮立った油を次々と流し込んだ。実は壺の中には盗賊の手下たちが隠れており、夜になったら外に出てきてアリ・ババを殺す手はずだったのだ。

その後、今度は盗賊団の頭が大商人に化けてアリ・ババに接近したとき、大商人のの正体を見破ったモルジアナは、宴の席で「剣の舞」という、剣を持って踊る舞を披露した。そしてモルジアナの踊りに盗賊頭が見ほれている隙に、剣で盗賊頭を突き殺したのである。こうして彼女は40人の盗賊すべてを抹殺し、アリ・ババの家に平穏をもたらしたのだ。

ええっ、『アリ・ババと40人の盗賊』って、本当は『千夜一夜物語』のお話じゃあないの!?　ヨーロッパの翻訳家が、どこかから拾ってきたお話を勝手につけたしただけなんて……知らなかった……。

「戦場の乙女」が少ないわけ

大天使のハニャエルです。キリスト教では、神に命を捧げた女性を「聖人」と呼ぶんですが、戦場に出た女性聖人はとても少ないんです。
ただ、戦える女の子が戦場に出てこないのは、別にキリスト教の教えのせいではありません。女の子を戦場に出したくない、真面目な理由があるからなんだそうですよ？

　例えば現代において、オリンピックに出場するような一流の女性格闘技選手に勝てる一般男性がほとんどいないように、戦士として、兵士として優秀な素質を持つ女性はどの時代にも存在していた。

　しかし、兵士として十分な実力を持つ女性がいるからといって、それを普段から兵隊として活用した国や地域はとても少ない。

　国家の重大事である戦争で、能力のある者をなぜ活用しないのか？　それは、身体能力や戦闘技術とはまったく違う次元で、国家や社会にとって、女性を戦闘に参加させたくない切実な理由があるからなのだ。

理由①:軍隊の規律を乱す

　軍隊は男性中心の社会であるため、兵士たちの性欲が抑圧される環境になっている。そのため軍隊のなかに女性の兵士が混じっていると、同僚の男性兵士から性的暴行などを受けたり、色恋沙汰のこじれから軍隊内でケンカや傷害事件が起きて、軍隊の規律が保てなくなる恐れがあるのだ。

理由②:人口減に直結する

　生物として当たり前の話として、女性は子供を産むことができるが、男性は産むことができない。また、男性は複数の女性を妊娠させることができる。このため女性が戦争に参加して戦死すると、子供を産める女性が減ってしまうため、未来の人口が大幅に減少してしまう。

つまり、戦場に女の子を連れて行って男の兵士が変なことをしたら困るし、生まれる子供が減ったら困るってことか。なんで女は戦争に出してもらえないのか、ちょっとわかったかな。

ええ、ですから私は、戦争に出るにあたって男装したのです。男の格好をしていると、不思議と軍隊の男性からもいやらしい目で見られないようになりましたからね。

戦の女神
War goddesses

　戦士として戦場に立つ女性は、人間だけではありません。神々のなかにも、戦争を守護する女神として信仰されている者、恐るべき戦士としての神話が語り継がれている者がいます。本章では世界の神話から、戦いと関わりの深い女神8柱を選びました。

illustrated by 人外モドキ

スカサハ

女神の剛力、島をも投げる！
アテナ

出典：ギリシャ神話　　出自：オリュンポス十二神　　出身地：オリュンポス山

完全武装でこの世に誕生

　人智を越えた神々が活躍する神話では、敵との直接戦闘で活躍した女神も多い。そんな女神たちのなかでも屈指の活躍を見せているのがギリシャ神話のアテナだ。

　女神アテナは、この世に生まれたときから甲冑を身につけていた、生まれながらの戦神である。絵画などでも、アテナは槍と盾を持ち、甲冑をまとって武装した姿で描かれることが多い。

　アテナは芸術や農耕など多数の御利益を持つ女神だったが「戦争の女神」でもあり、特に都市を守る“防衛戦争の女神”として信仰されたという。またギリシャ神話には、数多くの「英雄」が登場するが、これら英雄の多くが、アテナから贈り物をされるなど、彼女の加護を受けている。彼女は「英雄の守護神」でもあるのだ。

　戦闘の女神として、アテナの力がもっとも発揮された戦いのひとつが「ギガントマキア」だ。この戦いは、最高神ゼウスが指揮する「オリュンポス神族」の神々と、ゼウスに反乱した女神「ガイア」による戦争だ。ガイアは「ギガス」という巨人たちを生み出し、オリュンポスの神々と戦った。

　この戦争でアテナは、ギガスのなかでも最強の「エンケラドス」と戦い圧勝。しかも、逃げるエンケラドスに“島”を投げつけて下敷きにし、この怪物を封印するというド派手な活躍を見せている。このときアテナが投げつけたとされる島が、ギリシャの南西、イタリアのそばにある大きな島「シチリア島」だ。

盾か鎧か？　神の防具「アイギス」

　女神アテナは甲冑や兜のほかにも「アイギス」いう防具を身につけている。これは鍛冶の神ヘパイストスの作品で、アテナの父ゼウスから貸し与えられた「あらゆる邪悪なものから身を守る」という神秘的な防具である。アイギスは防具であることはわかっているが、形状については曖昧で、神話や伝承では「盾」とする場合や「胸当て」「肩当て」とされる場合があり、一定しない。

　神話では、アテナは見た者を石化させる怪物「メドゥサ」の首をアイギスにつけて強化している。しかし絵画などでは、メドゥサの首が描かれる部位はアテナの盾と胸当ての両方が混在していて、やはりアイギスの形状を断定するには至らない。

私アテナは、戦争だけなく、あらゆる学問、技術を守護する女神です。その力は多岐にわたりすぎてここでは書ききれません。興味があるなら、「萌える！ギリシャ神話の女神事典」でお読みなさい。

illustrated by 木村樹崇

あの子は私が育てた！ スカサハ（クー・フーリン）

出典：ケルト神話（アルスター神話群）　出自：不明　出身地：影の国

英雄の女師匠

　イギリスから海をはさんで西にある国アイルランド。この国に伝わる「ケルト神話」は、神々の勢力争いや、神の血を引く英雄の活躍を描いた物語である。ケルト神話の一時代を描く「アルスター神話」には、スカサハという女武芸者が登場する。

　スカサハという名前は「影」という意味で、その名のとおり「影の国」という国の女王である。彼女は投げれば30の矢尻になってかならず敵を倒すという魔槍「ゲイ・ボルグ」の所持者であり、"高く跳躍する技"や"未来を見とおす予言の力"を持っている。スカサハから武芸を学べば、誰にも負けない戦士になれるとまでいわれた。

　神話では、彼女が戦場で武器を振るう、というような直接的な活躍は残念ながらない。彼女を有名にしているのは、スカサハのもとで戦技を学んだ英雄である。彼女はアルスター神話でも屈指の英雄「クー・フーリン」の師匠なのだ。

　神話によれば、英雄クー・フーリンは、思いをよせていた女性の父親の提案で、スカサハに武芸を教わるべく、スカサハの住む影の国を訪れようとしていた。影の国は非常に危険な道の先にあり、常人ではたどり着くことすら難しい。娘を手放したくない父親は、クー・フーリンを亡き者にするためにこの提案をしたのである。

　しかし父親の期待とは裏腹に、クー・フーリンは影の国にたどり着き、約1年に渡ってスカサハから武芸を教わった。さらに彼女から必殺の槍ゲイ・ボルグを譲り受け、「この槍を使いこなすのはクー・フーリンしかいない」とまで賞賛された。

　影の国での修行を終えたクー・フーリンは、アルスター神話の物語で大活躍している。それらの活躍はスカサハのゲイ・ボルグと秘伝の技があってこそなのだ。

スカサハのライバル「オイフェ」

　影の国には、スカサハの宿敵である「オイフェ」という女魔法戦士がいる。

　あるときスカサハとオイフェのあいだに争いが起き、クー・フーリンがスカサハの部下として参戦したことがあった。暴れ回るクー・フーリンに手を焼いたオイフェは、彼に一騎討ちを申し込む。オイフェの強さにクー・フーリンは追い詰められるが、クー・フーリンは「オイフェが大切にしている戦車が谷に落ちた」と嘘を言って、彼女の気がそがれた瞬間に形勢逆転し、勝利をおさめている。

「影の国」は7つの城壁に守られた難攻不落の城塞都市なのだそうだ。鶴ヶ城もこのくらいの堅城であれば、新政府軍の大砲などものともせずに戦えるのだがなあ。うらやましいことだ。

これでアナタも名軍師!
九天玄女
出典：中国神話　出自：道教の神　出身地：中国

双剣を振るう兵法の神

　中国の神話では、女神が戦場に出ることはそうめずらしいことではない。そのなかで代表的な戦いの女神をひとりあげるとすれば、有力な候補となるのは、美貌と剣腕を誇り兵法を生みだした戦神、九天玄女だろう。

　九天玄女は、文にあらわすことも、絵に描くこともできないといわれるほどの美しい女神だとされている。ある資料では「顔は蓮の萼（花弁）のごとく、天然の眉目は雲環に映え、唇は桜桃のごとく、自在なる規模は雪体に正し」と、彼女の美しさを表現することに挑戦している。また、後世の小説で描かれる九天玄女は、金の刺繍が入った服に、龍や鳳凰のごとく華麗に結い上げた髪など、豪華絢爛な外見の美女として描写されている。

　13世紀ごろの物語『平妖伝』では「ふたつの鉄球に見えるが、命じれば空を飛んで目標を切り裂く神剣に変わる」という、神秘的な雌雄一対の剣を振るって大活躍する九天玄女を見ることができる。

英雄たちの後見人

　九天玄女は世界ではじめて兵法を発明した女神であり、お気に入りの英雄にその極意を授けることがある。

　神話の時代に、蚩尤という怪物が暴れ回り、黄帝という神が蚩尤とその眷属たちを討伐することになった。だが、蚩尤の強さに討伐はなかなかうまくいかなかった。そこで世界の支配者である天帝は、黄帝のもとに配下の九天玄女を遣わしたのだ。九天玄女は黄帝に兵書を授け、これによって蚩尤との戦いにようやく勝つことができた。以来九天玄女は戦いの女神として崇められることになるのだ。

　134ページで紹介した『水滸伝』では、物語の主役であるレジスタンス組織「梁山泊」のリーダー「宋江」に、彼女の加護が与えられている。宋江が役人に追われたとき、逃げ込んだのが九天玄女を祀る廟だった。助かった宋江の目の前に青衣の童子と童女があらわれ、九天玄女の元に案内する。女神は彼を歓待したあと、天書三巻を授けた。彼は梁山泊のリーダーになったあと、この書にある兵法を使って、「太乙混天象の陣」という難攻不落の堅陣を破っている。

この天書には兵法だけでなく妖術も書いてある。もっとも付け焼き刃の術ではあまり役に立たないようだ。宋江が妖術師と対決したとき、宋江は敵の術をこの天書で破るが、すぐに術を張り直されてしまった。

illustrated by みちた

見えなくなるから、負けなくなる！
摩利支天
出典：仏教　出自：護法善神　出身地：不明

武士たちの守護神

　世界三大宗教のひとつであり、日本でも多くの信仰を集める仏教。一口に仏教と言っても、信仰の対象はお釈迦様だけではない。数多くの仏や護法善神（仏教徒を守護する存在）などが存在し、御利益もさまざまである。摩利支天は御法善神の1柱であり、日本の武士たちに広く信仰された存在だ。

　摩利支天は、"日光"や"陽炎"を神格化した存在だ。摩利支天専用のお経である摩利支天経では「天女のような姿」であるとされているが、腕が6本、顔が3つある姿や、ときに男性として描かれることもある。手には弓矢や扇、金剛杵という仏具などを持っていることが多い。仏教徒の守護神であり、財産や勝利をもたらすほか「姿を消して目の前の敵をなぎ倒す」とされた。陽炎や日光には姿形がないので、摩利支天は姿を消す力があると考えられたのである。

　こうした摩利支天の特徴は、戦いで成り上がる武士たちにとって、かっこうの信仰の対象だった。「摩利支天の加護を得れば、誰にも自分の姿を見ることも捕まることもなくなり、かならず戦いに勝てる」と考えられ、武士が権力を握った鎌倉時代以降、彼らに広く信仰されたという。

　摩利支天を信仰した武士には、有名な人物も多い。代表的なのが、南北朝時代の名将「楠木正成」だ。また、戦いの世だった戦国時代にも広く信仰されており、武田信玄の軍師「山本勘助」、3本の矢の逸話で有名な「毛利元就」、加賀の大大名「前田利家」などが、摩利支天を信仰していたことで知られている。

摩利支天の加護を得る方法

　武士たちはどのようにして摩利支天の加護を得ていたのか？　よく行われていたのは「小さな摩利支天の像を携帯する」というものだ。前述の楠木正成は兜の中に摩利支天像をはめていたと伝えられ、山本勘助は像を小型の厨子（仏像などを入れる箱のような仏具）に入れ、ペンダントのように首にかけていたという。ただし、腕のよい職人に彫られた像でなければ、加護は受けられないともされた。

　また、就寝、起床、食事、入浴、来客、外出、トイレのときに、摩利支天の名前を唱えるのも、御利益を得る方法として広く行われていた。

戦国武将が信仰する神といえば、上杉謙信の「毘沙門天」が有名なんだが、謙信公は毘沙門天だけでなく摩利支天も信仰していたそうだ。武士からの信仰の篤さがよくわかるなあ。

illustrated by 田島幸枝

大軍だろうとぶっとばす！
ドゥルガー

出典：ヒンドゥー教　出自：デーヴァ神族　出身地：神々の放った光

戦うために生まれた女神

　南アジアの国、インドの国教である「ヒンドゥー教」。ドゥルガーはヒンドゥー教で信仰される女神の1柱で、特殊な生まれを持つ女神である。実は彼女は"戦いのため"に、神々によって生み出された女神なのだ。

　あるとき、マヒシャという悪魔が、敵対する「デーヴァ神族」を天界から追い出してしまったことがあった。天界を奪還すべく、神々は口々から炎を吐いて1柱の神を生み出す。こうして10本の腕を持った美しい女神、ドゥルガーが誕生した。

　戦うために生まれたドゥルガーは、神々が持つ槍や棍棒、円盤、弓矢といったいくつもの武器を借り受け、同じく神から借りた燃えさかる虎にまたがってマヒシャ討伐に向かい見事撃破、天界はふたたびデーヴァ神族のものとなったのである。

　一部の神話では、"ドゥルガー"（近寄りがたき者、という意味）という名前は、"ドゥルガーという悪魔"を倒したときに自分で名乗るようになったものだという。

　悪魔ドゥルガーもまた、マヒシャと同じように世界を牛耳り、暴虐の限りを尽くしていた。この事態に女神ドゥルガーが立ち上がり、悪魔ドゥルガーを倒しにいくのだが、敵の軍勢は「1億の戦車」「1200億頭の象」「1000万頭の馬との無数の兵士」という途方もないものだった。しかし女神は1000本に増やした腕から武器を投げつけたり、数百万の軍勢を生み出すなどして敵軍を壊滅させ、悪魔ドゥルガーを壮絶な一騎討ちの末に倒す。この戦いのあと、女神はドゥルガーを名乗るようになった。

ドゥルガーの苛烈な側面「カーリー」

　ヒンドゥー教には、ドゥルガーを上回る凶悪さを持った「カーリー」という女神がいる。黒い肌に4本の腕を持ち、首からは生首または頭蓋骨をつないで作った首飾りをさげた姿が特徴的な女神だ。このカーリーは、ドゥルガーが悪魔と戦ったとき、怒りで顔が黒く染まり、その額から生まれたのだという。

　カーリーの戦いぶりはドゥルガーを上回るほど残虐で好戦的なものだ。ある神話では、カーリーは「自分の血が地面に落ちると分身が生まれる」という能力を持った悪魔と戦うのだが、悪魔に分身を作らせないようにするため、落ちる血をすべてなめ、肉をむさぼり食うことで悪魔を倒しているのだ。

ドゥルガーさんは、神話に出てくるたびに敵に勝つので、戦いの女神だけでなく「勝利の女神」にもなったそうですよ。私もフランスにとっての「勝利の使徒」になりたいものです。

戦場は女神の遊び場
イシュタル

出典：アッカド神話　出自：天の神　出身地：天空？

古代文明アッカドの戦神

　現在、中東の多くの国は、イスラム教を信仰している。しかし、今から5000年以上前、中東には四大文明のひとつメソポタミア文明から発する独自の神話体系があった。イシュタルはこの神話『アッカド神話』に登場する、戦いと性愛の女神だ。

　イシュタルは戦いを好む女神と知られており、戦場は「イシュタルの遊び場」といわれることもあるほどだった。また、戦神として描かれるイシュタルは弓矢などで武装した姿で描かれることもあった。

　イシュタルは「戦いを好む王に味方する」と伝えられ、戦争の前にはイシュタルに必勝を祈願し、勝利したあとにはイシュタルのために盛大な儀式が行われた。

　戦神として多くの信仰を集めたイシュタルだが、残念ながらイシュタル自身が武器を振るって戦う、というような神話はほとんど残っていない。彼女が間接的とはいえ戦闘をしかけた数少ない神話が『ギルガメシュ叙事詩』だ。

　伝説的な王「ギルガメシュ」が活躍する『ギルガメシュ叙事詩』で、イシュタルがギルガメシュに一目惚れする女神として登場する。イシュタルはギルガメシュを愛人にと誘うがギルガメシュは拒否、さらにイシュタルの数多い愛人たちのほとんどが不幸になっていることをやり玉にあげ、彼女を罵倒する。これに怒ったイシュタルは天の神をおどして「天の牛」をギルガメシュの治める都市で暴れさせたのだ。

イシュタルの前身「イナンナ」

　古代中東の人々は、領土争いなどで支配した相手民族の信仰を自分たちの信仰に取り込むなどしたため、時代や信仰された場所によって神々の名前が変わったり、神としての特徴が変化することもあった。

　イシュタルも、彼女が信仰されていた"アッカド"の南方にあった地域"シュメール"で信仰されていた女神「イナンナ」がモデルだといわれている。イナンナもまた性愛と戦いの女神であり、イシュタルの神話とほぼ同じ神話が残されている。

　イナンナを讃える歌のなかには「イナンナは生まれながらに武器を持っていた」という一節がある。この武器は「シタ」「ミトゥム」と呼ばれる2本のメイス（棍棒）で、イナンナを"戦神"としての性格を強めている。

このあとギルガメシュさんは、相棒と一緒に天の牛を倒して都市を守ったんですね……えっ、「神の所有物である天の牛を殺したから処罰する」!?　そんな、理不尽な!!

illustrated by リリスラウダ

お兄ちゃん大好き！ 血まみれ大好き!!
アナト
出典：ウガリット神話　出自：不明　出身地：天空？

戦いに喜ぶ戦の女神

154ページで紹介したイシュタル（イナンナ）は、名前や特徴を変えながら中東やヨーロッパ各地に伝わっていく。西アジア、地中海に面したウガリット（現在のシリア北部）で信仰されていた女神「アナト」も、イナンナがモデルになったといわれる。

アナトもまた、モデルとなったイナンナと同じく戦いと愛の女神である。しかし、戦神としての苛烈さはイナンナやイシュタルよりもかなり強い。アナトの神話には彼女が戦場で直接戦う描写があるが、アナトは棍棒で敵兵を追い払い、逃げる相手には背中に弓矢を撃ち込んで殺している。多くの死体からあふれた血は、戦いの喜びに笑うアナトの膝や首を浸すほどであったという。

アナトの過激な行動は、彼女の夫であり兄でもある神「バアル」への行きすぎた情愛から行われることもある。例えば、バアルが「自分に専用の神殿がない」と嘆いたときは、相手が最高神であるにもかかわらず、バアルの神殿を作るよう脅している。さらに、バアルが敵対する死の神「モト」と支配権をかけて争い、殺されてしまったとき、アナトはモトに過激な復讐をしているのだが、この方法がすさまじい。モトを捕らえたアナトは、モトを剣で引き裂く。そして、その死体をふるいにかけ、火で焼き、石臼でひき、野原にばらまいているのである。夫の復讐とはいえ、ここまで過激な報復をした女神というのは、ほかの神話でもめったに見られない。

弓くれないなら殺してしまえ

イシュタルには「人間に交換条件を持ちかけ、これを拒否されたため激昂する」という場面があったが、実はアナトにも似たような神話がある。

アクハトという狩人が、鍛治の神が作ったすばらしい弓を持っていた。狩人でもあるアナトは、富や不死と引き替えに弓を譲ってくれるよう頼むが、アクハトは女神の言葉は嘘だと拒否、しかも「女が狩りをするのはどうか」とまで言ったのだ。これに怒ったアナトは部下の戦士をアクハトのもとへ送り込み、殺させてしまうのである。

アナトの物語がイシュタルものと違うのは、彼女はアクハトを殺したことをすぐに後悔し、悲しむことだ。このあとの物語は内容が不明な点が多いが、一説ではアナトはアクハトを生き返らせたのではないかと考えられている。

神話では、アナトさんの外見は「美しい」こと以外になにも書かれていないが、一方で「羽をあげて飛ぶ」という描写もある。私は会ったことはないが、彼女には羽が生えているかもしれないな。

illustrated by 河内やまと

セクメト
砂漠の血まみれメスライオン

出典：エジプト神話　出自：ナイル川下流の神　出身地：不明

オスを守って戦う女神

　エジプト神話には、人間の体に動物の頭を持つ神が多数登場する。女神セクメトもその1柱で、人間の女性の胴体に、メスライオンの頭部がついている姿で描かれる女神だ。ライオンのメスといえば、縄張り争いの戦い以外では働かないオスのかわりに狩りをするという勇敢さで有名である。セクメトもそれに負けない、いやそれ以上に激しい戦いぶりで知られる、戦う女神である。

　セクメトはエジプトを治める王やその母、そして最高神である太陽神ラーを保護する女神だった。だが時代が下るにつれて、もともと持っていた荒々しい性格が強調され、セクメトは残忍で戦いを好む女神だと考えられるようになっていた。"王の守護神"としての性格もより攻撃的になり、口から炎の息を吹き、敵を焼き殺す。またセクメトを信仰する王も、"セクメトのように矢を射る"ことができたという。

　そんな彼女の残忍な側面が、存分にあらわれた有名な神話がある。

　あるとき、人類が最高神ラーに逆らう計画を立てたことがあった。腹を立てたラーは、地上にセクメトを送り、人間を虐殺させたのだ。地上が十分に血にまみれたころ、ラーはセクメトに虐殺をやめるよう命令したが、セクメトは止まらない。そこでラーは、セクメトにビールを飲ませて酔わせ、虐殺をやめさせたという。

　似た内容だがまったく違う展開の神話もある。ラーはセクメトに人間の虐殺を指示したがすぐに思い直した。しかし、やはりセクメトはラーの言うことを聞かずに地上に向かったため、ラーは赤いビールを地上にまき散らしたのだ。赤いビールを血と勘違いしたセクメトは、虐殺が完了したと勘違いし、天に戻ったのだという。

病気にしたり、治したり

　セクメトは戦いの女神、王の守護者であるだけでなく、すべての病気をもたらす女神だとも考えられた。セクメトが吐く炎の息をあびると病気におかされる、あるいはセクメトが吐くのは炎の息ではなく病気をもたらす息とする伝承もある。

　しかし、「すべての病気をもたらす」という性格からの派生で、エジプト人は逆に「すべての病気を治す」ことができるとも考えられた。そのため、人々はセクメトに病気の治療を祈願したという。

「大地が血にまみれた」「赤いビールをぶちまけた」、どちらも赤いな……わかった！　これはエジプトの砂漠が赤っぽい色になっている理由を説明する神話に違いない。どうですか、アテナ様？

ブルマーと女性解放運動

あら、八重子さん、このシスターが着ている服、とてもいいですね。
我々のスカートと違って、ズボンのように両足がべつべつの袋に入っていて、とても動きやすそうに見えますよ。

ああ、巫女さんが着ている袴（はかま）だね。
それは女の子も着ていい服だから、ジャンヌさんも着てみたらいいよ。
でも最近は欧米人も、「ブルマー」っていうのを発明したそうじゃない。

「ぶるまあ」ですか？　……ななな、なんですかこれは!?　ふとももの肌が丸見えではないですか。しかも男性のよこしまな欲望の対象になっているのですって！　こんなハレンチな服、主はお許しになりませんよ！

ジャンヌは嫌ですか？　鍛錬に最適なので着てもらう予定なのですが。
それにこのブルマーという服は、男性の欲から生まれたのではなく、抑圧された女性を解放するため、女性が考案した服なのですよ。

こ、こんな服を女性が考案!?
いったい、どういうことですか!?

　日本中の男の子の熱い視線を浴びつつも、学校から姿を消した魔性の衣服「ブルマー」。ブルマーが学校指定を外れたのは、20世紀末に流行した「ブルセラショップ」などでブルマーが男性の性的欲求の対象になったことが原因である。
　日本では「女の敵」となってしまったが、本来のブルマーは女性の味方だった。ブルマーは「女性の解放」という崇高な使命を持って生まれた服なのだ。
　ブルマーという名前は発明者の人名からとられている。1851年、アメリカで女性解放運動家として活躍していたアメリア・J・ブルマーが、窮屈な服を着せられて家庭に押し込まれている女性たちが、活発に動ける服を作りたいという願いから、ブルマーを開発したのである。
　開発当初のブルマーはゆとりのある下着のようなものだったが、改良を重ねてスカートの代わりにはく、足首の部分を絞った袴のような形になった（右写真）。これがさらに進化して、ゆったりとした短パンのような形状になったあたりから、女性用の運動着として急速に世界中に普及しはじめたのだ。
　その後、ブルマーはより軽快な運動性をもとめて太ももを丸出しにしたような形状になり、さらには化学繊維の普及によって、お尻の形にぴったりフィットする、現在の我々がよく知るブルマーの形になったのである。

動きやすさを追求するうちに、素肌が丸見えのデザインになったと……
え、ええ、もちろんわかっておりますわ、最先端の「もーど」というものですよね？　ええ。パリの流行は刺激的ですね！

まるごと100％！
ジャンヌ・ダルク特別講座

> 世界には、すばらしい「戦う女性」の
> 皆様がいらっしゃったんですね。
> ここからは、そのなかでも歴史上
> 特に重要な方の業績を、
> さらにくわしく紹介するとのことですが
> ……ええっ、まるごと全部わたくしのことを
> 紹介するのですかぁ⁉
> アテナ様、そんなこと聞いていませんよ！

ジャンヌ・ダルク特別講座……162

ジャンヌ・ダルクって
どんな女の子？……164

ジャンヌは何をなしとげた？……166

ジャンヌ・ダルクの
仇敵と戦友たち……168

ジャンヌ・ダルク、かく戦えり！……180

ジャンヌ・ダルクが
遺したもの……192

まるごと100％！ ジャンヌ・ダルク特別講座

フィールドワークはこれで終了とします。
次は座学といきましょう。ここからは、世界を代表する「戦場の乙女」である、ジャンヌ・ダルク、あなたについて徹底的に紹介していきますよ。

おおっ、ジャンヌさんのいろんなことがわかるんですか！
自分、非常に楽しみです！

ちょ、ちょっと待ってください！
なんで私ひとりをそんなに徹底的に説明するのですか？
私なんて、ただ主の言葉を聞いただけの、ただの農家の娘なんですが！

どうしてジャンヌ・ダルクに注目するの？

　ジャンヌ・ダルクは、本書が紹介した「戦場の乙女」のなかでも特に知名度が高く、多くの人に愛されている英雄ですが、そのくわしい活躍ぶりや戦場を離れたときの人となりなどはあまり知られていません。
　このコーナーの目的は、非常に有名なのに深くは知られていない、ジャンヌ・ダルクの人格や業績を知ることです。それは彼女以外の「戦場の乙女」を知るうえでの、一種の「ものさし」となることでしょう。

つまりジャンヌ、あなたは世界でもっとも知名度が高く、非常に典型的な「戦場の乙女」の一例です。そのため、あなたという人間を知ることが、戦う女性のあるべき姿への理解を深めるからです。

私のしたことなど、神様から下された命令を王子様やフランス国民のみなさんに伝えて、何度かイングランドの軍隊を追い払っただけなのですが……。
なんでそんなに話が大きくなっているのですか！？

さて、彼女のことを知るといっても、人間にはいろいろな側面があり、見る方向によって人物の印象はまるで違ってしまうもの。
ここからは、4つの視点でジャンヌ・ダルクという人物の業績、人柄、交友関係、そして裏の顔を見ていくとします。

まずは基本をおさらいしよう！

そもそも、ジャンヌさんってどんな人だったんだ？
たしかに武器も鎧も身につけてるけど、この浮世離れした女の子が、大軍を指揮したなんてイメージできないな。

164-167ページへ！

ジャンヌの仲間やライバルを知りたい！

私が祖国を救うことができたのは、主に導かれたフランス人が、主とフランスのために力を尽くしたからです。
私の仲間たち、ご紹介しちゃいますね♪

168-177ページへ！

ジャンヌの人生をくわしく知りたい！

一介の村娘にすぎないジャンヌ・ダルクが、どのように敵に勝利し、祖国を救ったのか知りたくはありませんか？
できるかぎりくわしく教えて差し上げましょう。

180-191ページへ！

もっといろんなジャンヌが知りたい！

戦いが終わったあと、ジャンヌさんってどうなったんだろう？ 今でも世界中で有名ってことは、みんながジャンヌさんのがんばりを語り継いでたってことだよな？

192-193ページへ！

まずは164ページからの記事で、ジャンヌ・ダルクとはどんな「戦場の乙女」なのかをおさらいしておきなさい。
そうすれば、あとはどの章から読んでもかまいません。

はい、自分、了解しました！
さて、どこから読んでいこうかな～？

ジャンヌ・ダルクってどんな女の子?

ジャンヌさんは、「聖処女」だとか「救国の英雄」だとか、すごい二つ名で呼ばれてるよね。でも「肩書きヌキ」だと、ジャンヌさんがどんな人だったのかって、あまり知られてない気がするな。

たしかに、八重子の指摘のとおり。
それでは、ジャンヌ・ダルクという女性がどのような人だったのかを、いろいろな角度から多角的に紹介していきましょう。

どんな格好で戦ったの?

実はジャンヌの外見については、あまりくわしい記録がないのです。
わかっている部分だけでも紹介しましょうか。

旗
自分の居場所を示すため、彼女はイエス・キリストと天使が描かれた旗を持って戦場に立ちます。

鎧
鎧は王子の命令で王都で特注されたもので、ジャンヌの体にぴったりあうように作られています。

髪の毛
ジャンヌは戦争に参加するときに髪を短く切りそろえていました。なお、髪の色や髪質の記録はありません。

剣
初陣のときにもらった剣、敵から奪った剣、教会の祭壇の下から発掘された錆びた剣の3本を持っていました。

おー、いかにも西洋の騎士といったいでたちだ。
女性用の全身鎧など、どこで手に入れたのかと思ったら、王子様の命令で作った特注品とは! 周囲の期待ぶりが伝わってくるな。

お告げを受ける前は、どんな子だったの？

きりっとしてるときれいなだけでなく格好いいですね！
剣も鎧も様になってますけど、どうしてですか？ やっぱりどこかの騎士の家の生まれだったり？

そんな、騎士様の家の生まれだなんてとんでもない！
ただの平凡な農家の娘ですよ。

　神の声を聞いて立ち上がる前のジャンヌ・ダルクという少女は、ごく普通の農家の娘にすぎませんでした。フランス東部のドンレミ村で生まれ、家族は父母と3人の兄、ひとりの妹がいます。

　ダルク家は真面目な農家、真面目なキリスト教徒でした。ジャンヌ自身もよく働き、農作業だけでなく女性の仕事である糸つむぎ、家畜の世話などを精力的にこなしました。何事にも前向きで、人に何かを言われる前に、自分から進んで行動する優等生だったようです。

　また、彼女はキリスト教の熱心な信者で、教会のミサに欠かさず出席するのはもちろん、困っている人に施し(ほどこ)をしたり、父親におねだりして教会にロウソクを寄付するなど、その信心深さは関係者が「彼女ほど敬虔な信者はこの近くにはいない」と言うほどでした。あまりに神に傾倒しているので、そのことで男の子にからかわれたりもしました。

　同年代の子供たちとはピクニックなどでよく遊びましたが、歌は歌うものの踊りには参加しなかったので、その点についてだけは友達から不満に思われていたようです。

ジャンヌ・ダルク プロフィール

ニックネーム
ラ・ピュセル（処女という意味）

住んでいるところ
ドンレミ村

家族
父、母、兄3人と妹ひとり

特技
農作業、糸つむぎ、それから家畜の世話が得意です

読み書き
名前くらいなら書けます！

趣味
教会でのお祈りと、ボランティア活動

ええっ、じゃあ、戦いの訓練も、宗教の勉強もしたことがないの！？
自分なんて何年もかけて、父や兄から鉄砲や大砲の使い方を教わって、ようやく使えるようになったんだけど……。

神父様の説教は聞きましたが、正式な神学教育も戦闘技術も学んだことがありません。
全部王子様にお会いしてから、付け焼き刃で身につけたものですよ。

ジャンヌは何をなしとげた？

12歳のころから、故郷で神様に「シャルル王子を王位につけなさい、あなたがフランスを救いなさい」と神託を受けるようになりました。主のおっしゃるとおりに必死でやってみたら、これだけのことを実現できました。驚きですよ。

成果① 自分を"神の声を聞く者"だと認めさせた

ジャンヌ・ダルクは、「自分は神の命令を受けて、フランスに勝利をもたらす唯一の存在だ」と繰り返し主張し、それを万人に納得させました。

神の代弁者をかたるという手口は、現代でも当時でも、詐欺の手口として非常に一般的なものです。しかしジャンヌは詐欺師の疑惑をはねのけ、自分の主張を信じさせたのです。

ジャンヌさんのすごいところは、自分の主張を「国に認めさせた」ことだね。詐欺師が村人をだますのとはワケがちがうってこと！

成果② ひるまず勇敢に戦った

ジャンヌはいつも軍旗を持ち、最前線に立ち続けました。当時の軍隊では、軍旗とは部隊の結束の象徴であるため、軍隊は敵の軍旗を奪うために旗のところに攻撃を集中させます。つまり旗を持つ兵士は、敵に狙われやすい危険な役目なのです。

実際、ジャンヌは敵兵の弓矢で何度も負傷しています。しかし、応急処置を受けるとすぐに前線に復帰し味方を鼓舞しました。これはかなりの勇気がなければできないことです。

旗をかかげて先陣を切るジャンヌ。1843年、ドイツ人画家ヘルマン・スティルケ画。

前線に立つだけではなく、作戦会議にも出ましたよ。フランスの軍人の方々が考える作戦は、消極的すぎて神の意に合わないものでした。主は「フランスを勝たせなさい」と仰せですから、私がかわりに積極攻撃策を主張したのです。

成果③ 街を救い、戦争を勝利に導いた

ジャンヌ・ダルクの存在は、フランスに2つの大きな勝利をもたらしました。都市オルレアンの解放（→p184）と、パテーの戦いでのイングランド軍の壊滅です。

ジャンヌの登場まで、フランスは連戦連敗で士気が低下し、滅亡の危機に瀕していました。しかしジャンヌの登場と2つの勝利により、英仏両国のパワーバランスは逆転し、フランスが優位に立ったのです。

イギリスとフランスの戦争については、178ページで解説してもらってます！

戦いの詳細はp178へ！

成果④ 民衆に「フランス人」という意識を植え付けた

ジャンヌがなしとげたもっとも大きな業績は、「フランス人」という概念を生みだしたことでしょう。実は当時のフランスで、「私はフランス人だ」と思っている人は、ほとんど皆無でしたからね。

ええっ、どういうこと？
フランス人はフランス人じゃないか。

それは違いますね。当時のヨーロッパには国民という考え方はなく、自分が住んでいる地方こそ優先されるものだったのです。そう……八重子にわかりやすく言うなら、八重子も「日本人」というより「会津人」という意識のほうが強いのでは。

う……はい。たしかにそう……です。
薩長の連中も、同じ日本人だ、などとは思えません。
それではいけないと頭では思うのだけど……。

私のときもそうでしたが、私が「フランスを救え！」と言っているうちに、みなさんが、「自分たちはフランス人だ」と考えるようになっていったようなのです。
ですが私ひとりの業績ではなく、仲間がいたからこそなしえたことですよ。

なるほど〜、なんかすごいな……。
ん、ところで、ジャンヌさんの仲間ってどんな人たちだったの？

ええ、それでは紹介しましょう。
私とともにフランスを救った、頼もしい仲間たちです！

168ページからは、ジャンヌの仲間と仇敵を紹介！

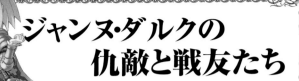

ジャンヌ・ダルクの仇敵と戦友たち

ここからは、私とともにフランスのために戦った仲間たちと、神の声を聞こうとしない不届きなイングランド人、ブルゴーニュ人たちを紹介しましょう。いずれも一癖ある男性ばかりですよ。

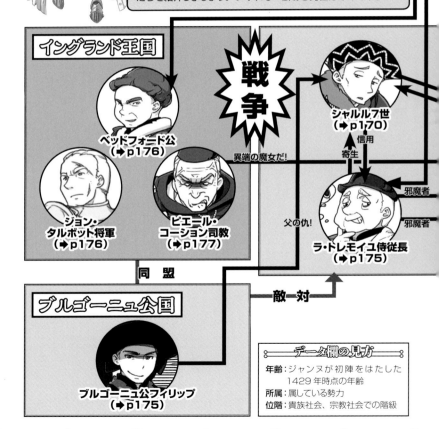

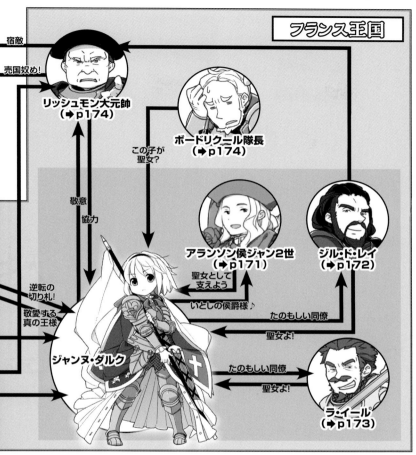
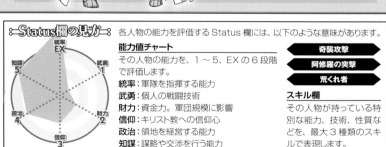

王様未満の弱り目王子

シャルル7世

26歳　所属：フランス王党派　位階：王子

ジャンヌ・ダルクの目的のひとつは、フランスの正当な王の資格を持ちながら、戴冠の儀式を行えないために王になれない、このシャルル王子を国王にすることだった。しかしこの王子は、ジャンヌの手にあまるくせ者だったのだ。

王者の孤独をもてあます ボッチ系王子様

フランスの正当王家としてイングランドと対立しているフランス王党派のリーダーは、先代フランス王の息子であるシャルル王子である。

「亡国の王子」というはかなげなイメージのとおり、シャルルは極端なやせ型で、いつも不安げな表情をしており、膝が外側にゆがんだ「O脚」だった。また、幼少期に何度も危険な事件に巻き込まれたことがトラウマになっており、低い天井の部屋、木製の橋を恐れた。さらに極端な人見知りで、知らない人物に気づくと、その人をじっと見つめたまま動きが止まり、食事中でも手が止まってしまうほどだったという。

このような弱い心の王子であるため、彼の周辺には王子の耳障りのいい人物ばかりが集められ、本気で国を立て直そうと厳しいことをいう人材は遠くに追いやられてしまうのだった。ジャンヌに対しても最初は厚遇していたが、彼女が自分の方針に異論を唱えるようになると、とたんに態度を変えて冷たくしている。

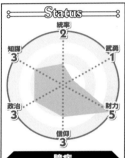

Status
- 統率：2
- 武勇：1
- 知謀：3
- 財力：5
- 政治：─
- 信仰：3

臆病

中央集権思考

フランス南部を領有する国王として高い財力を有するが、自分で軍隊を指揮したり、政治を取り仕切る才能には恵まれていない。
ただしジャンヌの死後に大胆な内政改革を行い、貴族の力を削いでフランス国王の実権をおおいに高めた。生来の臆病さが国にとってはプラスに働いたのだ。

Voice of Jeanne, ジャンヌにとってのシャルル7世

私がお会いしたときの王太子殿下は、たびかさなる敗戦に憔悴しておられました。臆病で打算的な家臣たちが、みなイングランドへの降伏を主張するのですから、おいたわしく思います。
私は主より、シャルル王太子殿下を正式な王にすれば、フランスは救われると預言を受けました。全力で王子を盛り立てる所存ですわ！

華麗なる"いとしの侯爵様"
アランソン侯ジャン2世

20歳　所属：フランス王党派　位階：侯爵

数多いジャンヌの仲間のなかで、ジャンヌがもっとも信頼を寄せたのは、王家の傍流に連なる若き侯爵、アランソン侯ジャン2世だった。彼はフランス宮廷におけるジャンヌの最大の理解者で、欠かせないパートナーである。

⚔ 誇り高き"美男侯"
歩みはつねにジャンヌとともに

アランソン侯ジャン2世は、フランス王党派の若手のホープである。"美男侯"の異名を持ち、大変な美男子であったという。物腰も貴公子らしく優雅で、その立ち居振る舞いから、ジャンヌは彼のことを「いとしの侯爵様」と呼んでいた。

アランソン侯の人生には、つねに逆風が吹いていた。父の戦死により8歳で侯爵家を継承し、15歳で初陣をはたすが、17歳でイングランドの捕虜になってしまう。アランソン侯爵領は敵に占領されていたため身代金の支払いに苦労し、侯爵家の財政は火の車だった。

アランソン侯を自分の息子の「代父（洗礼の儀式の証人のこと）」にするほど信頼していたシャルル王子は、ジャンヌをアランソン侯の副官につけて各地の戦いへ送り出す。アランソン侯は、ジャンヌに馬術や武器を指導したり、妻とともに家族ぐるみの付き合いをした。侯爵とジャンヌはつねに一緒に戦場を駆け巡り、多大な武勲をあげることになるのだ。

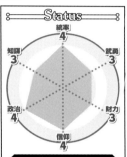

Status
統率 4
知謀 3
武勇 3
政治 4
財力 3
信仰 4

若きベテラン

聖処女の加護

アランソン侯は若くして数々の軍務経験を積んだベテラン指揮官であり、慎重な指揮で堅実な成果をあげることができる。領地を敵に奪われているため大貴族にしては財力が低い。スキル「聖処女の加護」は、ジャンヌの予知能力によって大砲の流れ弾を回避したという逸話を表現したものだ。

Voice of Jeanne, ジャンヌにとってのアランソン侯

私の愛しの侯爵様です♪　アランソン侯は、弱気な者ばかりが幅をきかせているフランスの宮廷で、柔らかな物腰のなかに真の勇気を持つ数少ない将軍様です。私は侯に馬術を教えていただき、王都では宿も提供していただき、返しきれない恩があります。侯と馬首を並べて戦えば、神はかならずフランスに勝利をくださるでしょう。

盲目的に"ラ・ピュセル"を信仰した勇将

ジル・ド・レイ

25歳　所属：フランス王党派　位階：伯爵、男爵

ジャンヌ・ダルクの戦友のなかでもっとも知名度が高いのは、おそらくこのジル・ド・レイだろう。彼はフランスの「救国の英雄」と呼ばれる武将として、また、黒魔術に傾倒した殺戮者として歴史に名を残している。

聖処女とともに栄光を
聖処女亡きあとは狂気を手にする

本名はジル・ド・モンモランシー・ラヴァル。南仏の名門モンモランシー家の一員で、広大な領土と多額の財産を持つ軍人貴族だった。絵画などでは、豊かなひげをたくわえた黒髪の偉丈夫として描かれる。

指揮官としての特徴は、ときに無謀とも思える勇敢な攻勢である。ジャンヌ・ダルクの鼓舞によって士気が高まったフランス兵に果敢な攻撃を命じることで、ジルの軍勢は敵を圧倒することができるのだ。シャルル7世が正式に王になったときは、これらの武勲から王国元帥の地位を与えられている。

だがジャンヌが敵軍に捕らえられ、処刑されると、ジルは突然精彩を欠きはじめる。前線での活躍はあまり見られなくなり、ジャンヌの功績をたたえる演劇や、偽物のジャンヌ・ダルクに傾倒。さらには領内から美少年をさらって黒魔術の生け贄にしはじめ、やがて罪が露見して処刑された。ジャンヌの死の衝撃で精神を病んだという説が、まことしやかにささやかれている。

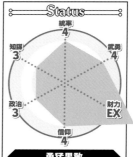

Status
- 統率 4
- 武勇 4
- 財力 EX
- 信仰 4
- 政治 3
- 知謀 3

勇猛果敢
聖処女盲信

南フランスに有する広大な領地からたくさんの兵を集めて大軍を編成し、それを豊富な資産で維持できるのがジルの強みである。また、勇猛果敢な攻撃の破壊力はすさまじい。

反面、ジャンヌを盲信するあまり、彼女を失うと精神の平衡を欠いて本領を発揮できなくなる。

Voice of Jeanne, ジャンヌにとってのジル・ド・レイ

ジルは私が伝える主のお言葉をよく聞き、それを実現するために努力してくれる頼もしい仲間です。彼が多くの軍勢を用意してくれるおかげで、私は主の意志を実行することができています。
イングランドの不埒な男たちも、ジルと同じくらい主の声に耳を傾ければ、自分たちの過ちに気づくはずなのですが……。

フランス最強の傭兵隊長
ラ・イール

39歳　所属：フランス王党派　位階：傭兵

ラ・イールは、荒くれ者ぞろいの傭兵たちを取り仕切る傭兵隊長である。手癖は悪いが義理堅く、仲間の危機は体をはって助ける。ラ・イールの傭兵団は、任侠の心を持つ気持ちのいい男たちである。

"阿修羅"のごとく戦場に吠える

中世ヨーロッパには、戦争時は軍人として、平時は山賊として活動する危険な傭兵集団が無数に存在していた。ラ・イールの傭兵団もそのひとつである。だがラ・イールはフランス王家に忠誠を誓い、王家の領土内では略奪を行わなかった。シャルル王子の子分として、渡世の筋を通せる義理の男、それがラ・イールである。

本名はエティエンヌ・ド・ヴィニョル。ラ・イールとは「憤怒」「阿修羅」などと訳されるあだ名で、彼が非常に粗野で怒りっぽい性格だったことからついたものだ。青年時代の事故で片足に障害を負い、脚を引きずるようになったが、ちょうどいいハンディだとばかりに各地を転戦して敵軍を震え上がらせた。

ジャンヌの初陣以降その戦いの大半に付き従い、彼女の手足として活躍。だがしばしば素行の悪さをジャンヌからたしなめられており、ジャンヌはラ・イールとその部下たちを、まっとうなキリスト教徒の道へ戻すことを自分の使命と考えていた節がある。

Status
- 統率：4
- 武勇：EX
- 財力：3
- 信仰：3
- 政治：2
- 知謀：4

- 奇襲攻撃
- 阿修羅の突撃
- 荒くれ者

ラ・イールはよく部下を統率し、義足のハンディをものともせず勇猛に戦う前線指揮官である。戦術眼にもすぐれ、最高のタイミングで敵に攻撃を仕掛ける。

ただし彼の軍団には略奪癖があるため、ラ・イールを部下として使う者は、その行いに気を配らなくてはならない。

Voice of Jeanne, ジャンヌにとってのラ・イール

戦場の空気を読むことにかけて、ラ・イールの右に出る者はいません。攻撃隊の隊長としていちばん信頼できるのは彼ですね。
能力と陛下への忠誠心は申し分がありませんから、あとはもうすこし部下たちに神を畏れさせる必要があるでしょう。娼婦を買ったり略奪をするのは、主の御心に沿わない行為ですよ。

リッシュモン大元帥

35歳　所属：フランス王党派　位階：伯爵

⚔ 活躍の場を奪われた フランス最高の天才

　清廉な性格と政治軍事の才能をあわせ持つフランスの最強指揮官。だが性格が頑固で融通が利かず、軍費を着服して私腹を肥やしたシャルル7世の取り巻きを次々と処刑した。このことから王子に嫌われ、王宮を追放されている。フランスの勝利はジャンヌだけでなく、このリッシュモンの才能をいかに活用できるかにもかかっているのだ。

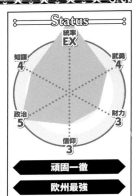

統率 EX／武勇 4／財力 3／信仰 3／政治 5／知謀 4

頑固一徹

欧州最強

粛正

> 我がフランスが誇る偉大な元帥様ですね。私は一度会ったきりですが、軍隊の指揮や真面目さはフランス最高です。はやく王太子殿下と仲直りできるといいのですが。

ボードリクール隊長

29歳　所属：フランス王党派　位階：騎士

⚔ 聖女ジャンヌを疑った 生真面目な守備隊長

　ジャンヌの故郷であるドンレミ村にもっとも近いフランス王党派の拠点は、ヴォークルールという砦だった。ボードリクールはこの砦の守備隊長だ。堅実で意志が強く、敵中に孤立したヴォークルールを堅く守り抜いている。だが生来の慎重さゆえに、ジャンヌが「神の声を聞く聖女」だということを受け入れるまでに数ヶ月の時間を必要とした。

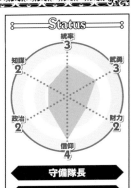

統率 3／武勇 3／財力 2／信仰 4／政治 2/知謀 2

守備隊長

－

－

> 本音を言いますと、もっと早く主のお告げを認めてくだされば、民や兵の被害が少なかったのに、とは思います。ですが王都行きを認めてくださったことには感謝しています。

ラ・トレモイユ侍従長

45歳　所属：フランス王党派　位階：伯爵

⚔ 忠臣を追放し私腹をこやす獅子身中の虫

　シャルル王子の侍従長を務める側近の筆頭。宮廷闘争と謀略を得意とし、かつてはリッシュモンを宮廷に呼び込んで出世争いのライバルを粛正させ、それを理由にリッシュモンを追放するというマッチポンプ的な策謀で侍従長の地位を手に入れた。

　だが政治手腕は平凡なうえ、軍費を着服して私腹を肥やすなど、フランスの足をひっぱる悪臣である。

Status
- 統率：1
- 武勇：1
- 財力：5
- 信仰：2
- 政治：3
- 知謀：5

佞臣

宮廷闘争

この男が陛下を惑わし、神の命令に逆らわせている張本人です！　汚い金と自分の地位以外にまったく興味がない、いるだけで王宮が穢れる毒虫のような男ですね。

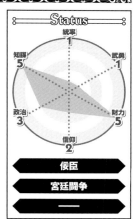

ブルゴーニュ公フィリップ
（フィリップ善良公）

33歳　所属：ブルゴーニュ公国　位階：公爵

⚔ 英仏両国を手玉に取る黒衣の公爵

　フランスの家臣だったブルゴーニュ公爵家の当主。父ジャン１世をフランス王党派との和平交渉時に暗殺され、その喪に服するために、生涯を通じて黒い服を身につけたという逸話が残っている。だがその価値基準は徹底した現実主義で、公国の利益を最大化するための外交交渉を繰り返し、つねに勝利者の側に立った恐るべき人物である。

Status
- 統率：5
- 武勇：3
- 財力：EX
- 信仰：2
- 政治：4
- 知謀：EX

したたかな外交

金羊毛騎士団

油断ならない男です。彼はフランス貴族でありながら敵国に手を貸し、神の加護を受けるべき国民を無為に傷つけています。彼の心から早く悪魔を取り除かねばなりません。

175

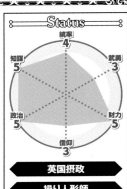

ベッドフォード公ジョン

40歳　所属：イングランド王家　位階：公爵

⚔ 英国王の代理をつとめる
英領フランスの帝王

　ジャンヌ・ダルクが打倒するべき最大の敵。イングランド王ヘンリー6世の叔父で、ヘンリー6世の代理として大陸に渡り、フランス占領地の統治と戦争を取り仕切っている人物である。みずから戦場に出ることは少ないが、ジョン・タルボットらイングランドの名将を手足のようにあやつってフランス侵略を進める様は、さながらチェスの達人を思わせる。

Status
- 統率 4
- 武勇 3
- 財力 5
- 信仰 3
- 政治 5
- 知謀 5

- 英国摂政
- 操り人形師
- ―

恥知らずにも、神がフランス王家に与えたフランス王位を奪おうとする愚か者です。この男に先導されて、多くのイングランドの民が戦に狩り出されているのです。

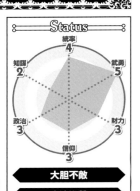

ジョン・タルボット

43歳　所属：イングランド王家　位階：伯爵

⚔ 粗野にして剛勇
歴戦の英軍司令官

　古代ギリシャの英雄「アキレウス」の異名を持つイングランドの名将。辺境での血なまぐさい国境争いを生き延びた手腕を買われてフランスに投入され、敗北寸前のフランスにとどめを刺す任務を与えられている。彼の軍団は精鋭ぞろいで、誰よりも早く歩き、攻める敵の出鼻をくじいた。ただし状況判断に難があり、間違った情報を信じて失敗することもあった。

Status
- 統率 4
- 武勇 5
- 財力 3
- 信仰 3
- 政治 3
- 知謀 2

- 大胆不敵
- 高速迎撃
- ―

イングランド軍の指揮官で、何度も我々の前に立ちはだかっています。勇猛で有能な男ですから、彼を倒すにはフランス国民が主を信じて一致団結せねばならないでしょう。

ピエール・コーション

58歳　所属：カトリック教会　位階：司教

⚔ 悪魔と敵国に魂を売った悪徳司教

百年戦争では、フランス人のすべてがフランス王家のために戦ったわけではない。なかには積極的にイングランド側に荷担した者もいる。その代表格が、フランス北方の都市ランスのカトリック教会を支配する司教、ピエール・コーションである。彼はイングランドに協力する対価として司教の椅子を手に入れ、フランスの敵として宗教権力を振りかざすのだ。

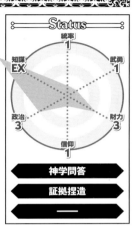

Status
統率 1／武勇 1／財力 3／信仰 –／政治 3／知謀 EX

- 神学問答
- 証拠捏造
- ―

主の名をかたり、偽りの地位で神の家を占拠する不届き者。この悪魔のような男については、それ以上語る言葉を持ちません。近く主から罰が下されることでしょう。

うわ〜、味方も敵も、すごくたくさんの人たちが関わっている戦争なんだ。

それはもちろん。なんといっても当時のヨーロッパの主要国、フランスとイングランドが総力をあげて激突した戦争だから、おたがいに有能な人材を振り絞って戦いに投入していますので。

ええ、敵も味方も個性的で一癖ある者ばかりです。
私は神の声を聞く者として、仲間を動かし、内部の敵を封じ込めて、外敵との戦いに臨まなければなりません。農家の娘には少々重い役目ですよ。

なんだか敵もすごい手強そうだしね。
とりあえず侯爵様とジルさんとラ・イールさんがおもな味方で、敵の大ボスがベッドフォード公、ブルゴーニュ公が裏ボス、侍従長と司教がお邪魔虫ってとこか。

ええ、その認識で間違いありません。
問題はやはり、内部にも敵がいるということですね……目の前の敵を蹴散らすのは得意ですが、宮廷闘争などできるわけがありませんし。

このような人間関係のなかで、ジャンヌ・ダルクはどう戦ったのか。
次のページからはそのあたりを見ていくことにしよう。

フランスvsイングランド！
百年戦争はこんな戦争だ！

はい！　自分、アテナ様に質問があります！
ここまでときどき「百年戦争」という言葉が出てきましたが、ジャンヌさんの登場は戦争の中盤以降ですよね。そもそも最初のころ、どうしてイングランドは攻めてきたんですか？

百年戦争はフランス王家とイングランド王家の戦争です。原因はフランスの王位継承争いで……両者がどちらも「自分が正当なフランス王だ」と主張したことから始まったとされています。

ええっ!?　フランスの王様はフランス王家に決まっているじゃないか。いったいどうなってるんだ～!?

衝撃！　イングランド王はフランス貴族だった！

　実はイングランドという国は、フランス西部の大貴族アンジュー伯爵がうちたてた王朝です。そのためイングランド王はフランスに領土を持ち、フランス王家とも血縁関係にあったのです。

　ですがイングランド王家は、外交政策の失敗で大陸側領土の大半を奪われました。大陸領土の奪回はイングランド王家の悲願であり、フランス王家の直系男子が絶えたのをきっかけに、イングランド王家は自分こそが正当なフランス王だとする運動を始めたのです。さらに国内でも、王家の権力を削ごうとする大貴族が独自の行動をはじめていました。フランス王家は国内外から王位をおびやかされていたのです。

各勢力の思惑

フランスの領土を取り戻したい！

イングランド人をフランスから叩き出したい！

両者の対立を利用して勢力を伸ばしたい！

この戦争のカギを握るのは、フランス東部の大貴族、ブルゴーニュ公です。彼は百年戦争の中盤以降、王家に反乱を起こしていたんです。理由は……理由は、えーっと……なんでしたっけ？

宮廷内の主導権争いの結果、父親を暗殺されたことですよ。ですが公爵本人はフランスの王位に興味がないので、英仏どちらの味方にもなれます。百年戦争のゆくえは、公爵がどちらにつくかで決まるのです。

滅亡寸前!? 百年戦争はフランス大敗中

たしかジャンヌさんが出てきた時代って、百年戦争の中盤よりちょっと後くらいの時期だったはず。
何十年も戦って、いまの戦況ってどんな感じになっているんですか？

百年戦争前のフランス

戦争前はほんのすこしだったイングランド領ですが……。

ジャンヌ登場時のフランス

ちょ!?
フランス、滅亡寸前!?

百年戦争開始直後、「アジャンクールの戦い」で大敗したフランス軍は、主要な貴族、騎士を戦死させてしまったため、大幅に弱体化してしまいます。

以降、ジャンヌ・ダルクがシャルル王子と面会するまでの92年間で、フランスは敗北を重ね、領土の大半をイングランドに奪われ、さらにブルゴーニュ公フィリップに反乱を起こされ、フランス南部を領有するだけの小勢力に没落しつつあります。フランス王家は、まさに滅亡寸前の危機にありました。

この絶望的な状況に颯爽とあらわれたのが、神の声を聞く少女、聖処女（ラ・ピュセル）ジャンヌ・ダルクだったというわけなのです。
さあ、それではジャンヌの活躍ぶりを拝見することにしましょうか。

ジャンヌ・ダルク、かく戦えり!

オッホン、神様に自分の経歴をおはなしするというのは少々恥ずかしいものがありますが、わたくしジャンヌ・ダルクがどのようなことをしたのか、ご説明したいと思います。

ここから先はジャンヌがまだ体験していない、未来のことについても話していきます。未来に影響を与えてはいけませんから……すみませんがジャンヌ、そのときは目隠しと耳栓の着用をよろしくお願いしますね?

わずか1年2ヶ月でなしとげた偉業

ジャンヌ・ダルクは、百年戦争において劣勢だったフランスを救い、イングランドの軍隊に大打撃を与えるという巨大な武勲をあげた人物です。

ジャンヌ・ダルクが歴史の表舞台に登場したのは、彼女がシノンという町の仮王宮でシャルル王子と対面した、1429年3月のことでした。それから数々の武勲をあげ、敵の捕虜となるまでの期間はわずか1年2ヶ月という非常に短いものでした。ジャンヌ・ダルクは、この14ヶ月という短い期間で一国の未来を変えてしまったのです。

この章「ジャンヌ・ダルク、かく戦えり」では、ジャンヌ・ダルクの活躍ぶりを、時系列を追って紹介していきます。

ジャンヌ・ダルク簡易年表

1412年	ドンレミ村で誕生
〜	
1424年	神の声を聞く
1428年	ヴォークルール砦で首都行きを直訴
1429年3月	シノン仮王宮でシャルル王子と面会
1429年5月	オルレアンを解放
1429年6月	パテーの戦いで英軍に大勝
1429年7月	ランスで戴冠式に出席
1429年9月	パリ攻略に失敗
1429年12月	ジャンヌー家、貴族になる
1430年5月	ブルゴーニュ軍の捕虜になる
1430年10月	身柄をイングランドに売り渡される
1431年5月	異端の罪で火刑死

ここから紹介するのは、ジャンヌが「神の声を頼りにドンレミ村を出てから、最期の時を迎えるまで」の約2年半です。
たったこれだけの時間で彼女が何をなしとげたのか、見ていきましょう。

ジャンヌ・ダルク転戦MAP

この地図は、ジャンヌが故郷のドンレミ村を出てから、ルーアンで処刑されるまでの移動経路をまとめたものです。フランスの北部を西へ東へと駆け回り、イングランド軍やブルゴーニュ軍とひたすら戦い続けたその足跡ですよ。

⑥⑦ 捕縛、裁判、処刑

ブルゴーニュ軍に包囲された味方の都市を救おうとして失敗、捕虜となったジャンヌは偽りの宗教裁判で異端の罪を着せられて、処刑されてしまいました。
(→p188,190)

④ フランス王の戴冠

近隣の敵軍を散々に打ち破ると、敵地のまっただなかにあるランスの大聖堂に行軍し、シャルル王子の戴冠式を行って正式なフランス王に即位させます。
(→p186)

□……フランス王党派
▨……イングランド領
■……ブルゴーニュ公爵

⑤ 国王との対立

祖国解放の方針の食い違いからシャルル7世王と対立。その信頼を失い、首都パリの奪還戦で、イングランドを相手にはじめての敗北を喫してしまいます。
(→p187)

③ オルレアン解放

イングランド軍に包囲されて陥落寸前の都市オルレアンに援軍としてあらわれ、市民とともにイングランド軍を蹴散らしてオルレアンを解放します。
(→p184)

② 王子との対面

フランス王家の当主であるシャルル王子と面会し、神の使命を受けてフランスを救いに来たことを告白。その立場を公式に認められ、武具と軍隊を貸し与えられます。
(→p183)

① 神の声を聞く

故郷のドンレミ村で、「フランスを救え」という神の使命を受け取ったジャンヌは、近隣のヴォークルール砦に向かい、王宮行きの権利を勝ち取ります。
(→p182)

うーん、スケールが大きくていまいちピンとこない……。
アテナ様、質問です! この地図ってどのくらいの大きさ?

地図の右端、ドンレミ村から、左下のシノン仮王宮までの距離が約450km、東京と大阪の距離より少し短いくらいです。この距離をあるときは徒歩で、あるときは馬で移動し、戦い続けたのです。

ジャンヌ・ダルク、かく戦えり！①
ジャンヌ、神の声を聞く

農家の娘、ジャンヌ・ダルクの祖国フランスは、隣国イングランドの軍隊に攻め滅ぼされつつありました。ジャンヌは神からのお告げに従い、祖国を救うために立ち上がります。

ジャンヌ・ダルクが神の声を聞いたのは13歳のころでした。彼女の前に大天使ミシェルとふたりの聖人があらわれ、フランスを救うように命じたのです。

たびたび同じ内容を繰り返す神の声のことを、ジャンヌは誰にも話さず秘密にしていましたが、18歳になったとき、「ヴォークルール砦の隊長が、お前を王の元に連れて行く」という具体的なお告げが下りました。

ジャンヌはこの声に応え、祖国を救うため、王党派の孤立した要塞「ヴォークルール」に向かいます。

ジャンヌが神から命じられたこと

シャルル王子をランスの大聖堂に連れて行き、戴冠式を行わせなさい。そうすれば神様はフランスを勝たせてください ます。

大天使ミシェル

かしこまりました！

ジャンヌ

戦いの結果を予言！ 王宮行きの許可を得る

ヴォークルール砦の守備隊長ボードリクールと会見したジャンヌは、フランスを救うために、神の声を聞いた自分を王宮に送り届けるよう要請します。しかし隊長は彼女の言い分を相手にせず、ジャンヌを追い返します。砦から王宮までの道の大半は敵の手に落ちて危険でしたし、ジャンヌの言い分が妄言にしか聞こえないからです。

失望したジャンヌは故郷のドンレミ村に一時戻りますが、半年後に再度砦を訪れ、神の言葉を市民や貴族に説いて支持者を増やします。

現金、男物の服、物資に馬など、支持者たちはさまざまな形でジャンヌの王宮行きを支援しはじめます。その圧力に耐えきれなくなったボードリクール隊長は、ついに根負けして数名の護衛をジャンヌにつけ、半信半疑のまま彼女を送り出しました。

八重子が選ぶMVP！

ボードリクール隊長

ジャンヌさんが無事に出発できたのは、この隊長さんの英断のおかげだね。だって、いい加減な娘を王宮に紹介したら、隊長さんの責任問題になるかもしれないんだぜ？ 知らんふりをすれば安全なのに、ちゃんと護衛をつけるなんて、なかなかできることじゃないよ。

ジャンヌ・ダルク、かく戦えり！②
王子様とはじめての対面！

11日間の強行軍で、宿敵ブルゴーニュ公の領土を駆け抜けたジャンヌたちは、いよいよ神様に命じられた真のフランス王に会うことになります。敗北寸前のフランスを率いる王子、シャルル7世です。

フランスを東から西へ横断する、450kmの道のりをわずか11日で移動したジャンヌ一行は、無事にシャルル王子のいるシノンの仮王宮に到着します。

フランス王国の本来の王宮は、現在もフランスの首都である北部の都市パリにありましたが、パリは王家に反旗を翻したブルゴーニュ公に占領されたため、フランスの王宮は西部の都市シノンに避難していたのです。

ジャンヌが入場したシノンの街は、たび重なる敗戦によって暗く沈んでいました。そんな街に、王子を助けてフランスを救うと広言するジャンヌ一行がやってきたのです。

ジャンヌ、王宮までの旅程
パリ
オルレアン
ヴォークルール砦
シノン仮王宮　総行程450km
ドンレミ村

うわぁ、道のりの半分くらいが敵の領土のど真ん中じゃないか！

ジャンヌ、大ピンチの王子に歓迎される

「王子を正式な王にしろという神の声を聞いた、フランスを救えるのは私だけだ」と話すジャンヌを、当然ながら王子の家臣たちは疑わしい目で見ていました。

王子は、聖女ジャンヌの噂が本物かどうか、軽いいたずらでその実力を試したところ、ジャンヌはそのいたずらを難なく見破ります。王子がジャンヌと一対一で長時間話し込むと、王子の陰気だった顔は晴れやかに変わりました。王子はジャンヌを神の声を聞く聖女と認め、武具や兵士を与えてジャンヌ自身が望んだ戦場に送り出したのです。

八重子が選ぶMVP！

シャルル7世

この王子様は、家臣のなかに紛れ込んで、ジャンヌさんが正しい王子様を見破れるかどうかを試したんだ。結果はもちろん一発的中。これがなければ王子様がジャンヌさんを信じられたかどうか怪しいね。王子様のいたずら心がMVPってことでどうかな！

ジャンヌ・ダルク、かく戦えり！③ オルレアン解放

神から遣わされた聖処女として公式に認められたジャンヌ・ダルクの最初の仕事は、フランス中部の都市オルレアンをイングランド軍から解放することでした。ジャンヌの初陣が、いま始まります。

国王派の貴婦人や聖職者たちに、彼女が処女であること、神の声を聞いて行動していることを証明してもらったジャンヌは、女性用の鎧に身を包み、王子の兵隊を率いて、都市オルレアンに出発します。このオルレアンという都市は、イギリス軍に包囲され、今にも陥落しそうな状況でした。

オルレアンには、フランス北部から南部に渡る数少ない橋がかかっており、この都市をイングランドが手に入れれば、イングランドはフランス南部のどこにでも軍を送り込めます。つまりオルレアン

オルレアンは交通の要衝！

オルレアンの街には、ロワール川を渡れる数少ない橋の1本がかかっている。ここを敵に取られると、敵はフランス南部のどこにでも攻め込めるようになってしまう。

という都市は、フランスにとって絶対に奪われてはいけない最重要拠点なのです。

熱烈歓迎！ ジャンヌのオルレアン入り

ジャンヌは、出迎えに来たオルレアンの防御指揮官ル・バタール、傭兵ラ・イールらとともに、唯一イングランドの手に渡ってない門から少人数でオルレアンに入りました。

フランスを勝たせるために神に遣わされたというジャンヌの噂は、ジャンヌ到着前からオルレアンに伝わっていました。そのため夜間の到着にもかかわらず、ジャンヌたちは松明をかかげた市民たちに熱烈歓迎されました。その歓迎ぶりは、まるでフランスがイングランド軍に勝利し、オルレアンが解放されたような騒ぎようだったといいます。

……あれ、ちょっと待った。
ジャンヌさんって、まだオルレアンの城内に入っただけで、戦ってもいないような……なんで勝ったみたいに喜んでるの!?

これまでの絶望からの反動ですよ、八重子さん。オルレアンの民衆は、フランス軍が負けた後7ヶ月もイングランドに包囲されて絶望していました。ですが主が勝利を約束してくださったと聞いて、これまでの鬱屈が爆発したんです。

いざ決戦！ オルレアンの戦い

オルレアンは多くの砦と高い城壁に囲まれた城塞都市ですが、砦のほとんどはイングランド軍に占領されていました。

オルレアンを解放するために重要なのは、橋の出口にあるトゥーレル砦です。ここをフランス側が取り戻せば、オルレアンのフランス軍は川の北側にも南側にも自由に移動できるようになるのです。

ジャンヌはただちに敵を攻撃しようと主張しますが、防御指揮官ル・バタールが攻撃準備に手をこまねいているあいだに、到着から5日後の5月4日、東のサン・

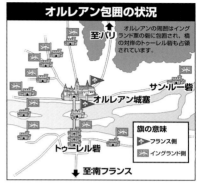

オルレアン包囲の状況

オルレアンの周囲はイングランド軍の砦に包囲され、橋の対岸のトゥーレル砦も占領されています。

旗の意味：フランス側／イングランド側

ルー砦が敵に奪われたという報告が飛び込んできます。ところがジャンヌが急行すると、敗走していたフランス兵が彼女を見て元気づき、なんと奪われたばかりの砦を取り戻したのです。その後もジャンヌに率いられたフランス軍は猛烈に攻めかかり、わずか3日で最重要拠点のトゥーレル砦を奪回してしまいました。イングランド軍は攻撃をあきらめて撤退し、ジャンヌの初陣はみごとな勝利に終わりました。

どうしてジャンヌは勝てたのか？

オルレアンでフランス軍が敗北寸前になっていたのは、籠城戦の初期でひどい負け方をしてしまい、士気がどん底に落ちていたからです。聖処女ジャンヌの登場は兵士の士気を奮い立たせ、イングランド兵を一気に叩き出したのです。

国王のお墨付きにくわえ「オルレアン解放」という実績を得たジャンヌは、「オルレアンの乙女」として神格化されていきます。

オルレアンの戦いの勝因

○ジャンヌの参戦に、兵士が超ハイテンションに！

○イングランド軍が立ち直る前に、一気に攻めきった

八重子が選ぶMVP！

ジャンヌ・ダルク

ここのMVPは、やっぱりジャンヌさんでしょ！ イングランドは城を包囲するために、兵士を薄く広く配置してたんだよね。ジャンヌさんはそれを見破って……たのかは知らないけど、大部隊で砦をひとつずつ各個撃破して勝ったんだ。ジャンヌさんの積極的な作戦が圧勝に導いたってわけ！

ジャンヌ・ダルク、かく戦えり！④ ランスでの戴冠式

> ジャンヌ・ダルクの最大の目的は、まだ書類上は王子でしかないシャルル王子に、正式な戴冠式を行って国王にすることです。しかし儀式が行われる都市ランスは、敵の支配地域の奥深くにあるのです！

オルレアンを奪還したジャンヌは、神から命じられた最大の目的を達成しようとします。それは、シャルル王子に国王になる儀式「戴冠式」を受けさせ、正式な王にすることです。

この戴冠式はかならずランスの大聖堂で行う必要があるのですが、ランスの街は敵地のど真ん中にあり非常に危険です。ジャンヌは王子を説得し、自分をアランソン侯ジャン2世の副官に任命させて、ランス行きの下準備に取りかかります。

目指すは敵地の奥深く！
（イギリス派／パリ／ランス／オルレアン／この間220km!／ブルゴーニュ派／フランス王党派）

ジャンヌの同行で戦意が高まったフランス軍は連戦連勝。特に6月18日の「パテーの戦い」では、ジャンヌたちは名将リッシュモン大元帥の指揮下に入り、イングランドの切り札である長弓兵部隊を壊滅させる大勝利をあげました。

こうして側面の危機を取り除いたジャンヌは、シャルル王子とともにランスへ向かい、無事に戴冠式を終えることができました。ジャンヌの予言どおり、名実ともにフランス王となったシャルル7世にフランスの各都市は忠誠を誓い、シャルル7世はこの戦争で初めて優位に立つことになったのです。

シャルル7世の戴冠式を見守るジャンヌ（右）。19世紀フランスの画家ジュール＝ウジェーヌ・ルヌヴー画。パリの国家霊廟「パンテオン」蔵。

八重子が選ぶMVP！
アランソン侯ジャン2世

ジャンヌさんの上官に任命された、アランソン侯ジャン2世侯爵がMVP！ この人がジャンヌさんの主張する積極攻撃の作戦をとりいれたから、シャルル王子の戴冠が迅速に実現したんだよ。ジャンヌさんも「いとしの侯爵様」なんて呼んで慕ってたらしいね。

ジャンヌ・ダルク、かく戦えり！⑤
国王シャルルとの対立

国王の戴冠をなしとげたジャンヌ。あとは神の命じるままに、フランスからイングランド軍を駆逐するだけです。しかしここで、国王シャルルとジャンヌのあいだに深刻な亀裂が生まれはじめます。

ランスでの戴冠式のあと、ジャンヌとアランソン侯らジャンヌ派の諸将は、ただちに首都パリを攻撃し、首都からイングランドを追い出そうと主張します。

しかし国王シャルルの側近であるラ・トレモイユは、第三勢力のブルゴーニュ公との和平を優先するべきだと考えており、全面攻撃に消極的だったのです。王はジャンヌよりも側近トレモイユの意見を重視していました。

ジャンヌ派とトレモイユ派の意見対立

積極派	慎重派
ジャンヌ　アランソン侯	シャルル7世　ラ・トレモイユ
兵士の士気が高いうちに、一気に攻めて敵を崩壊させたい！	すでに始まっている外交交渉優先。とにかく休戦したい。

パリ攻略の失敗

ブルゴーニュ公が和平協議を無視してパリに援軍を送ったため、国王はやむなくパリ攻略の軍を出発させますが、国王はこれまでフランスを勝利に導いた速攻とは正反対の作戦をとります。フランス軍は蛇のように曲がりくねったルートで進軍し、あいだにある都市を降伏させながら36日かけてパリにたどりつきました。

ヴォークルールからの450kmを11日で移動したジャンヌにとって、和平交渉で半月を浪費したうえ、ランスからパリへの150kmを36日もかけて進軍する遅さは耐え難いものがありました。しかも2ヶ月弱の時間を浪費しているあいだに、イングランドは当然パリの防御を強化しており、フランス軍はパリを陥落させることができずに敗北してしまったのです。

八重子が選ぶBooo！
ラ・トレモイユ

このトレモイユっていう腰巾着は、王子様がランスで儀式をする半月前からブルゴーニュ公と和平交渉をしてたんだ。ところがジャンヌさんが大手柄をあげたのに焦って、自分の手柄が大きくなるように、ジャンヌさんの足を引っ張ったんだ。和平は失敗、そのせいで戦いにも負けたんだから責任問題だろ！

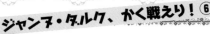

ジャンヌ・タルク、かく戦えり！⑥
ジャンヌの捕縛と異端審問

　　国王の支持を失い、兵力を削減されたジャンヌですが、フランス勢を救う活動をやめるわけにはいきません。無理な戦いを続けるなかで、ジャンヌはついに敵の手に捕らわれてしまうのでした。

　フランス軍がパリ攻略に失敗して以来、シャルル7世のジャンヌに対する態度は露骨に冷たくなっていきます。表向きはジャンヌに貴族の地位を与えて厚遇するように見せながら、彼女をアランソン侯の大軍から引きはがすことで兵力を奪い、戦いに出ても食料を送りませんでした。

　そのあいだに国王はブルゴーニュ公と休戦を結びましたが、老獪なブルゴーニュ公は休戦の条件として一部の都市の引き渡しを要求したうえ、戦争の再開に向けて着々と準備を整えていたのです。一方でフランス側はなんの準備もしていませんでした。

　戦争再開後、ジャンヌはブルゴーニュ軍に包囲された都市を救出しに行きますが、戦闘の途中で都市の跳ね橋が上げられ、ジャンヌは敵軍の包囲下に取り残されてしまいます。必死の抵抗もむなしく、ジャンヌはブルゴーニュ公の捕虜になってしまいました。

✄ シャルル王に見捨てられたジャンヌ

さて、ここからはジャンヌがまだ知らない内容ですから、ジャンヌはあちらの部屋で紅茶でも飲みながら待っていてください。
ここからは私アテナが、ジャンヌのその後についてお話ししましょう。

　当時のヨーロッパでは、有力者が敵の捕虜になった場合、身代金を払って身柄を取り戻すのが常識でした。ところがシャルル王はジャンヌの返還交渉をしないどころか、ジャンヌを崇拝するオルレアン市民が、身代金の一部にと献上した金銭を着服してしまいます。フランス王家は救国の英雄ジャンヌ・ダルクを見捨てたのです。

　投獄中、ジャンヌは何度も脱走を試みますが失敗。結局ブルゴーニュ公は、ジャンヌの身柄を、彼女の宿敵であるイングランドに売り渡しました。

ええっ、ジャンヌさんってフランスを救った英雄だろ!?
なんでそんな大事な人を取り戻そうとしないんだよ!!

理由は推測しかできませんが、どうやらジャンヌの存在が深刻に邪魔だったようです。
攻撃一辺倒なジャンヌの戦略は、外交で勝ちたいトレモイユや国王の方針とあいませんし、民の人気が高まりすぎているのも問題でした。

異端審問:ジャンヌを神の敵にするために

イングランドに売られたジャンヌは「異端審問」にかけられます。イングランドは聖処女ジャンヌを「異端者」におとしめることで、フランス王の正当性を崩し、フランス人の戦意を削ぐつもりなのです。

イングランドがジャンヌの身柄をブルゴーニュ公から買い取ったのは、ジャンヌの登場で劣勢になった戦況を逆転させるためです。

フランス軍が強くなったのは、「神の命令でフランスを勝たせに来た」というジャンヌの言葉をフランス兵が信じ、神とジャンヌのために勇敢に戦ったからです。そこでイングランドは、ジャンヌ・ダルクが聖処女ではなく、神の名をかたる詐欺師とすることで、フランス人の士気を砕き、イングランドの支配の正当性を手に入れようとしたのです。

異端の罠を巧みにかわすジャンヌ

あなたは神の恩寵を感じたことがあるか?

はいと言えば……
人間は神の恩寵を感知できない生き物なので、嘘つきということになり **有罪**

いいえと言えば……
神の恩寵を受けていないということは、これまでの言動が嘘だということになり **有罪**

ジャンヌの回答は……?

恩寵を受けていないのであれば、神が私を無視しておられるのでしょう。恩寵を受けているのであれば、神が私を守ってくださっているのでしょう。

イングランドは正規のルールを完全に無視し、自国の息がかかった聖職者ピエール・コーション司教たちを使って異端審問を行いました。コーションはジャンヌを有罪にするために、質問の内容に専門の聖職者でも気づかないような罠を張りめぐらせて有罪の口実を作ろうとしますが、ジャンヌはこれらの罠を難なく回避してしまいます。

困ったイングランド側が最後に攻撃したのは、ジャンヌの服装でした。キリスト教の教義では、異性の服を着ることは禁じられているからです。

彼らはまずジャンヌに「これからは女の服を着る」と約束させます。するとその晩、ジャンヌの牢獄に男たちが押し入り、性的暴行を加えようとしたのです。もちろんこれは罠でした。ジャンヌは自分の貞操を守るために、やむなく男物の服を着用しました。これが「神との約束を破った」という罪になり、ジャンヌを死刑にする口実となったのです。

八重子が選ぶBooo!

ピエール・コーション司教

フランス人のくせに敵に協力して、ジャンヌさんを無実の罪に陥れたインチキ司教に大ブーイングだよ! そもそもこいつ、最初から「ジャンヌさんを宗教犯罪者にする」ことしか考えてないんだから。こんなつるし上げ大会が裁判だなんて、お天道様も神様も絶対許さないぞー!!

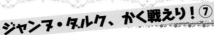

ジャンヌ処刑

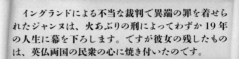

イングランドによる不当な裁判で異端の罪を着せられたジャンヌは、火あぶりの刑によってわずか19年の人生に幕を下ろします。ですが彼女の残したものは、英仏両国の民衆の心に焼き付いたのです。

　ジャンヌ・ダルクが火刑に処されたのは、ジャンヌがシャルル7世に謁見した2年後、1431年5月30日でした。
　不当な裁判が行われた都市ルーアンの広場に作られた火刑台に、女物の服を着て縛り付けられたジャンヌは、十字架に口づけして祈りを捧げ、誰を恨むことも罵倒することもなく焼き殺されました。
　彼女の最後の言葉は「イエス様」だったと、複数の人物が証言しています。

聖職者から差し出された十字架に口づけするジャンヌ。パリの偉人霊廟パンテオンの壁画より。

死後も辱められたジャンヌの遺体

　キリスト教の正式な教義では、神に忠実だった死者は遠い未来に復活すると定められているため、遺体をそのままの姿で棺におさめ、大地に埋める「土葬」を行います。
　ところがジャンヌを危険視するイングランドは、ジャンヌの遺体に再度火をつけ、灰になるまで焼いたうえで橋の上から川に流しました。この行いはあまりに苛酷過ぎ、敵であるイングランド兵のなかにも、神の怒りを恐れるものが出るほどだったといいます。

こうしてジャンヌは亡くなってしまったのですけど、ジャンヌが英仏両国の人々に与えた影響は死後も強烈に残り続けたのです。その結果、百年戦争はどうなったのか……次のページで説明しましょう！

八重子が選ぶMVP!

ラ・イール

シャルル陛下がジャンヌさんを見殺しにしてるとき、仲間が独断でジャンヌさんを救おうとしていたんだって。特にラ・イールさんは部下の傭兵を率いて、ルーアンを目指して進撃中だったらしいよ。結局間にあわなかったのだけど、命をかけて仲間を救おうっていう心意気がうれしいよね！

ジャンヌの死後、フランスはどうなった？

ジャンヌが処刑されても、フランスとイングランドの戦争が終わったわけではありません。この戦争はジャンヌの死後、フランスの圧勝で幕を閉じるんです。その原動力は、ジャンヌと一度だけ共闘したリッシュモン大元帥と、ジャンヌがフランス国民に残した愛国心でした。

ジャンヌ亡きあとのフランスを勝利に導いたのは「パテーの闘い」で一度だけジャンヌの上官として共闘した、フランス屈指の名将、リッシュモン大元帥です。

ジャンヌの死後、それまで宮廷から排除されていたリッシュモンが宮廷に復帰すると、政敵ラ・トレモイユはリッシュモンの領地を略奪するなど露骨な妨害を始めます。怒ったリッシュモンは武力でラ・トレモイユを排除。王の信頼を獲得し、王家の財力と軍事力を急速に回復させました。

リッシュモンが進めた政策

・ブルゴーニュ公と和平成功
・税制改革
・国王直属軍の編成
・砲兵の強化

フランス国軍の快進撃

「国王の部下が先代ブルゴーニュ公を暗殺したという過去の罪を、国王自身に頭を下げて謝罪させる」という大胆な策で、ブルゴーニュ公との和平と同盟を成立させたリッシュモンは、新設された国王直属軍と、ラ・イールら歴戦の傭兵部隊、増強された大砲部隊を組み合わせて、イングランドをじわじわと締め上げるように攻め立てていきます。そしてジャンヌの死から22年後の1453年、フランスは大陸側に存在するすべての領土をイングランドから奪回しました。ジャンヌ・ダルクが神から与えられた使命は、彼女の仲間とフランス国民によって達成されたのです。

えっ、あんなにしぶとかったブルゴーニュ公が寝返り……!? なにがあったの？ 変わったのって、トレモイユが追い出されて、リッシュモン元帥が実権を握っただけですよね!?

口先と利益供与だけで交渉したトレモイユが無能なだけです。元帥は腐敗を一掃してフランスを強くしたので、ブルゴーニュ公は「フランスにつくほうが有利」だと判断して寝返ったのです。

うわぁ……それじゃ、トレモイユがもっと早く失脚してれば、ジャンヌさんも無事だったかもしれないじゃないですか。
なんだか切なくなって来ちゃうなあ。

戦争というのは、強力な敵より無能な味方のほうが怖いというのは誰の言葉でしたか。八重子も、あなたの殿様が有能な者の意見を取り入れられるように、気をつけたほうがいいでしょうね。

ジャンヌ・ダルクが遺したもの

……もう目隠しをとっても大丈夫でしょうか？
自分の未来が決まっているというのは不思議な気分ですね。
結局私はフランスを救うのでしょうか、少しでも何かを残せていればいいのですが。

> それはもちろん。あなたの名前はフランスどころか、ヨーロッパ中に知れ渡っていますし、ヨーロッパ以外で国を救った戦場の乙女を「○○のジャンヌ・ダルク」と呼ぶことがあるほどですよ。

> アテナ様に教えてもらったんだけど、自分もがんばれば、将来「幕末のジャンヌ・ダルク」って呼ばれるようになるんだって。
> なんだかうれしいね！

ジャンヌ復権裁判

> ジャンヌの死後、まず最初に行われたのは名誉回復です。
> これは、イングランドの差し金とはいえ異端者とされてしまった、ジャンヌ・ダルクの不名誉を取り消そうとする運動でした。

ジャンヌ・ダルクの処刑から18年後の1449年、フランスはジャンヌが処刑されたルーアンの町を奪回しました。すると国王シャルルは、このルーアンで行われたジャンヌに対する裁判が正当なものだったかを調査するよう命じました。

調査の結果、裁判にはさまざまな不審点が見つかります。そのためキリスト教の最高権威であるローマ法王も承認のうえで、ジャンヌの異端認定を無効化する「復権裁判」が開催され、1456年、ジャンヌの無罪が公式に宣告されたのです。

復権裁判であばかれた異端審問のインチキ

- 文字が読めないジャンヌをだまし、ウソの宣誓書にサインさせた
- そもそもコーション司教には異端審問を行う資格がない
- ジャンヌに有利な証言をしそうな聖職者を脅迫して黙らせた
- 正当な理由があって男装をするのは罪ではない

これは
ひどいね……。

> ジャンヌさんは、無事に名誉を取り戻せたんだね？　よかったーっ！

聖人ジャンヌと偽ジャンヌ

　復権裁判が行われる前から、フランスの民衆はジャンヌが無実であることを信じ、フランスに殉じた聖女として崇拝していました。民衆のジャンヌを愛する気持ちは、19世紀に結実し、1920年、ジャンヌは正式にキリスト教の「聖人」として認められ、今ではもっとも有名な聖人のひとりとなっています。

　しかし、民衆のジャンヌを慕う気持ちは、ひとつのよくない流行を生み出してしまいます。それがジャンヌの死後にフランス各地に出現した「偽ジャンヌ」たちです。彼女たちは、自分はイギリスの城から抜け出してきたジャンヌその人だと名乗り、歓喜をもって迎えられ、正体がばれると処罰されました。

　フランス国民は自分たちを救ったジャンヌが死んだことを認めたくないあまり、実はすでに抜け出した、処刑されたのは替え玉だなどという噂話をしていました。そのため偽物の登場にたやすくだまされてしまったのです。

政治的に利用されたジャンヌ崇拝

若干17歳の少女が神の声に導かれて国を救ったという出来事は、世界的にも例が少なく、衝撃的な事件です。そのせいか、後世になるとジャンヌの名声が政治的に利用されるようになってしまいます。

　フランスの権力者たちは、自勢力の結束をうながすためにジャンヌ・ダルクの名声を利用しています。16世紀、キリスト教が旧来の「カトリック」と、新宗派「プロテスタント」に分かれて争ったときは、カトリック派が教会の教えに忠実だったジャンヌを結束のシンボルとしました。戦争の天才、19世紀フランスの皇帝ナポレオンは、軍隊が王族や貴族の持ち物だった時代に「国民を守るための軍隊」という概念を導入するため、フランスを守ったジャンヌの名前を持ち出しました。

　第二次世界大戦でドイツがフランスを占領したときは、ドイツに屈服した支配者側と、ドイツを追い出したいレジスタンスが互いにジャンヌを利用するという、皮肉な場面もありました。レジスタンスが「ジャンヌと同じように外国（ドイツ）を追い出せ」と宣伝する一方、支配者側は「イギリスが攻めてくるぞ、ジャンヌのように立ち向かえ」というポスターを作って、フランス国民を戦争に協力させようとしたのです。

うーん、がんばったことを評価してくださるのはうれしいのですが、私はあくまで、あのときに、主の導きでフランスのために戦っただけです。未来のことは何も聞いていませんし、困ってしまいます……。

有名人になるって大変だなぁ。まあ、自分はジャンヌさんと違って、神様の声も聞こえない、ただの砲術指南役だから。ジャンヌさんじゃあるまいし、**活躍が小説**になったり、**映像作品が作られる**なんてありえないよね！（えっへん）

救国の戦姫になるために！

よし、これにてフィールドワーク、および座学の時間を終了とする。
授業のしめくくりに、これまでの内容を振り返って感想を述べなさい。

はい！　自分は、何千年も前から女の子は戦っていたんだってことがわかって、すこし心が楽になったかな。それに、ただ銃で敵を撃つだけじゃなくて、指揮、鼓舞、戦術という感じで、いろんな形で敵に立ち向かえるんだね！

私自身の過去の戦いを振り返るというのは、なんだかこそばゆかったですが、いい復習になりました。なくした旗も見つかりましたし……といいますか、こんなところに刺さっているなんて、皆さんも教えてくれてもいいじゃないですか。

あはは……なんだか言い出せなくって、ごめんな……オホン、申し訳ない。

もうッ！（ぷいっ）
……ところで、ずいぶん長居してしまったのですが、フランスは大丈夫なのでしょうか？私の不在中に戦に負けてしまっては大変です。

安心しなさい、この「アテナの園」は、いまは時間の流れを非常にゆっくりにしている。このくらい滞在していただけなら、ちょっとまばたきしていたくらいの時間で、元の世界に戻れるとも。

それは安心しました。ですがそろそろ戻ることにしたいと思います。
いくら時間がゆっくり進んでいるとはいっても、元の世界に戻ったら、意識がない間に落馬していた、ということでは困りますからね。

そうか、ジャンヌさんは帰るのか。自分はもうすこし鍛えていきます。
自分たち会津藩は1万人しかいないのに、新政府軍は7万人もいるからね、今帰っても勝てないと思うから。もっと鍛えないと！

そうですか、わかりました。
八重子さんの祖国は、我がフランスの武器で戦っているのですよね。
これも何かの縁です、八重子さんが敵から祖国を開放できるよう神に祈ります。

ああ、それから八重子さん、異教から改宗した『解放されたエルサレム』のクロリンダさんのように、我らが主を信仰するつもりはありませんか？
八重子さんのように真摯な女性なら、きっと主もお守りくださいますよ。

あはは、さすがは「ラ・ピュセル」。ジャンヌさんはたくましいなあ。
前向きに考えてみましょう！　それではジャンヌさん、お元気で！

そして、アテナと八重子は長く厳しい鍛錬を続け……

はっ！ フッ、イヤーッ!!（バシーン!）

みごと！ ついにこの戦神たる私から一本をとったな。
もはや剣でも銃でも、人間のなかに八重子に並ぶ者はおるまい。

ありがとうございます！
アテナ様の薫陶のたまものです！

戦闘技術だけではないぞ。味方の兵士を鼓舞するカリスマ、敵の作戦を見破り、裏をかく戦術眼、兵士たちを導く統率力も身につけた。
おまえはこのアテナにとって最高傑作の戦姫といってよかろう。

いまの八重子であれば、100倍の敵すらも打ち破ることができる。
その新政府軍とやらにも絶対に負けぬと保証しよう。
これにて卒業とする！ 八重子、故郷を守るための戦いに戻るときだ！

押忍！ これまでご教授ありがとうございました！
不肖、山本八重子、会津藩と仲間たちを守るため、鶴ヶ城に戻ります！

萌える！戦場の乙女事典　これにておしまい!!

イラストレーター紹介

戦う女の子たちの素敵なイラストを描いてくれた、55人のイラストレーターを紹介させてもらうぞ！

藤ます
●表紙

ジャンヌさんです！
いろんなメディアでいろんなジャンヌさんが登場していますがこの表紙のジャンヌさんは如何でしたでしょうか。現実的で渋い風貌というよりはファンタジック＆エロティックに仕上げにしてみました。むっちむちのタイツアーマー、楽しんでいただければ幸いです！

VAGRANT
http://momoge.net/v/

しかげなぎ
●カラーカット
●モノクロカット
●カミラ(p111)

カミラさんとモノクロのカットでお邪魔しました。カットはよく描かせていただきますがどのページのどれを誰が描いてるのかわからないので主張しないところが楽しいような気がするんですが萌える！ 事典上級者の人がいたらだんだんわかってきたりするんでしょうか。それでは～。

SUGAR CUBE DOLL
http://www2u.biglobe.ne.jp/~nagi-s/

人外モドキ
●扉ページカット

扉カットイラスト、スカサハ等6体を担当させて頂きました人外モドキです。
今回は戦場の乙女という事で強そうな女性陣！だけどもSDなのでかっこかわいく描かせて頂きました。
気の強そうな女性、実にイイ…ッ

SECREDER
http://www.geocities.jp/secreder/

---

omaru
●ブーディカ(p19)
●モルジアナ(p141)

かっこいいのとうつくしいのどっちが良いって言われたら、エロければ何でもいいです。

オマル亭
http://ameblo.jp/birthbysleep/

夕霧
- アルビダ(p21)

全体的に後の時代のヴァイキングを参考にして描いたので5世紀の海賊が実際に身に着けていた衣装と違うかもしれませんが、雰囲気だけでも楽しんで頂ければ幸いです。

イラスト置き場
http://www.dragonfin.sakura.ne.jp/

spiral
- ジャンヌ・ド・ベルヴィル(p25)

復讐の女騎士ジャンヌ・ド・ベルヴィルを描かせてもらいました。
復讐ということで闇落ちな感じのダークナイトに。

箋螺画廊
http://senragaro.com/

れんた
- ジャンヌ・ダルク(p29)

かの有名なジャンヌ・ダルクという事で緊張しつつも楽しく描かせて頂きました。
勇ましい女性は素敵ですよね!

既視感
http://detectiver.com/

ここあ
- マーガレット・オブ・アンジュー(p31)

鎧をほとんど描いたことが無く四苦八苦しましたが、必死こいて考えたのでこれをきっかけに少しでもマーガレットに興味持っていただけたら嬉しいです。

cafehotcocoa
http://cafe-hotcocoa.net/

天領セナ
- テロワーニュ・ド・メリクール&シャルロット・コルデー(p33)

はじめまして、こんにちは!天領セナと申します。
今回は「シャルロット」と「メリクール」という2人を描かせて頂きました。対照的な二人をイメージしましたが色を塗っていてとても苦戦しました(笑
いつの時代でも戦う女性はとても魅力的ですね!ありがとうございました―!

ROSY LILY
http://www.lilium1029.com/

チーコ
- ナージェジダ・アンドレーヴェナ・ドゥーロワ(p37)
- 山本八重子(p69)

はじめまして、山本八重子、ナージェジダ・アンドレーヴェナ・ドゥーロワを担当しましたチーコです。二人の史実を読むとどちらもかなり男勝りな人物だったようで、その辺りを意識しつつボーイッシュなかわいさを目指してみましたがどうでしょうか。気に入って頂けるイラストがあれば幸いです。

PIXIVページ
http://www.pixiv.net/member.php?id=21101

雪駄
●リュドミラ・パヴリチェンコ(p39)

はじめまして雪駄と申します。リュドミラ・パヴリチェンコを担当させていただきました。
とても魅力的な方なので、その魅力が少しでも伝わる絵になっていたらいいなあ。

PIXIV ページ
http://www.pixiv.net/member.php?id=2034188

皐月メイ
●リディア・リトヴァク(p41)

はじめまして皐月メイと申します。今回はリディア・リトヴァクを描かせていただきました。
服装ですが軍服を自分なりにアレンジして可愛らしくしてみました。ただ実際あの服装のまま大空に飛んだら凍えてしまいそうですね。

PIXIV ページ
http://www.pixiv.net/member.php?id=381843

aiha-deko
●神功皇后(p45)

神功皇后を描きました aiha-deko です。闘いに赴く前に朝焼けの海に思いを馳せる神功皇后、というようなイメージで描かせていただきました。三韓征伐では月延石の説話がとても印象的なので、イラストに登場させてみました。妊娠中に海を渡って闘いに行くなんてすごい皇后様が日本にいたものですね!

みどりのいろ
http://aihadeko.jimdo.com/

日吉ハナ
●巴御前(p49)

巴御前は有名な方なので資料も多くアレンジするか悩んだのですが、今回のようになりました。
初めてだらけのイラストですが皆様の印象の残れば嬉しいです…!

HMA
http://hma.xii.jp/

ともみみしもん
●坂額御前(p51)

はじめましての人ははじめまして、ともみみしもんといいます。
普段はロードバイクに乗って美味しいものを探してます。
一日300km乗るのが今の目標です。

angelphobia
http://www.angelphobia.org/

おにねこ
●鶴姫(p55)

鶴姫を担当させていただきました。戦国時代の女武将のかっこよさが少しでも伝われば幸いです。
とても楽しく描かせていただきました、ありがとうございました!

鬼猫屋
http://oni26.tudura.com/

えめらね
● 井伊直虎&立花誾千代(p59)

今回「井伊直虎」と「立花誾千代」を担当しましたえめらねです。シリアスにしようかほんわか系でいこうか迷いましたが、今回は後者にしました。二人ともまるで物語のような数奇な人生を歩んでおりますので、そういったものが表情やポーズなどのキャラ性として表現できていれば幸いです。

AlumiCua
http://emerane.dokkoisho.com/index.html

らすけ
● 望月千代女(p63)
● サイカル(p139)

望月千代女とサイカルを描かせていただきました。忍者と巫女の顔を持つ彼女の服装、中央アジアの民族衣装と、衣装まわりは特にこだわりましたので、それにも注目して頂ければと思います。特に、千代女の網と食い込みを描くのが楽しかったです。

Raison d^etre
http://rathke-high-translunary-dreams.jimdo.com/

やすも
● 千葉佐那(p65)

はじめまして。やすもです。
武器っ娘は好きなので楽しく描かせていただきました。
駆け出しですが、今後ともよろしくお願いいたします。

PIXIV ページ
http://www.pixiv.net/member.php?id=871153

あみみ
● 中沢琴&原五郎妹女(p67)

「背景どうしましょう?」「家紋の和菓子とかどうですか?」「あっ、いいですね!」って軽い気持ちで描いたお饅頭ですが、お饅頭が食べたくてたまらなくなった上に、思ったより難しかったです。
今度は熱いお茶が怖い。

えむでん
http://mden.sakura.ne.jp/mden/

はんぺん
● 婦好(p73)

婦好を担当させていただきましたはんぺんです。
斧をぶんぶん振り回す感じの女性ということで、そういう部分を意識して描いてみました!(ﾟωﾟ)

PUU のほむぺ～じ
http://puus.sakura.ne.jp/

田中健一
● 秦良玉(p77)

初めまして、田中健一と申します。今回は秦良玉を担当させて頂きました。女将軍らしく兵士達をバックに、中華風の派手な衣装を絡めつつ、ちょっぴりセクシーでカワイイ女性を目指して描きました。読者の皆様には、また別の所でお会いする機会があるかもしれませんが、その時は宜しくお願いします!

-BAR H/G-
http://www.geocities.jp/jyuryoku/

蘇芳サクラ
●ハイ・バー・チュン (p79)

ハイ・バー・チュン担当の蘇芳サクラです。
凛々しい姉と元気な妹のイメージで描きました。
ベトナム版ジャンヌをどんな風にするか考えるのが楽しかったです。

スオウノカクレガ
http://suounokakuregadayo.seesaa.net/

鈴根らい
●趙嫗 (p81)

大きすぎるその体で普通の女の子として日常生活を送るのは難しいんじゃないか…戦いの場でしか活かすすべがなかったんじゃないか…そんな風に感じました。活かすすべを見つけられた趙嫗はカッコいいですね。鈴根さんは大きいの嫌いじゃないよ♪

鈴根らい地下室
http://green.ribbon.to/~raisuzune/

ヤズオ
●ラクシュミー・バーイー (p83)

今回ラクシュミー・バーイーで担当させてもらいました、ヤズオと申します。普段から歴史人物や動物、ファンタジー系のイラストを描くのが好きなので、とても楽しく描かせて頂きました。また、実際に歴史に登場した人物なので、私的にも勉強になり、とても貴重な機会をありがたく思っております。

yazuororo
http://yazuororo.wix.com/yazuororo

ルヂア
●ゼノビア (p87)

ゼノビアのイラストを担当させていただきました。
戦う女性は美しいです! 強さと美しさを持った戦場の乙女を存分に楽しめる本の1ページを描かせていただけたことを心より嬉しく思います。

Strawberry Palette
http://spalette.web.fc2.com/

田島幸枝
●アルテミシア (p89)
●摩利支天 (p151)

はじめまして田島幸枝と申します。「摩利支天」は武士の守護神らしい強く神々しい様を、「アルテミシア」は強くてちょっと意地悪そうな表情を楽しんでいただければと思います。書籍用イラストは初めてだったのでビビりつつも楽しく描かせていただきました。またお誘いいただけたら嬉しいです。

norari
http://norari.jp/

ヤッ
●ロドグネ (p91)

どうも、ヤッと申します。今回個人的には珍しいと感じるイラストでした。何よりも現在残ってる資料が少なくてどうイラストで取り上げれるかってのが不安でした。お風呂上がりのイラストってのも実を言うと初めて描いた気がします、いい経験になったんじゃないかと思います。

ヤッのブログ
http://blog.livedoor.jp/yatt83/

月上クロニカ
●ローゼン(p99)

毎度こにゃにゃちわ〜。アパッチ姫ローゼンさんを担当させていただいた月上クロニカです〜。資料用に画像を調べようと思って〈アパッチ〉で検索したら、ヘリコプターの画像がたくさん出てきてズッコケました。そんな大事件を乗り越えて描いたローゼンさん。楽しんでいただければ幸いでする〜。

CheapHeartArk 3
http://chepark.blog.fc2.com/

らっす
●カラミティー・ジェーン(p101)

カラミティ・ジェーンのイラストを担当しましたらっすです。
ガンマン・元気・女の子と自分の好きなモチーフ満載で楽しく描けました。
これからも元気っ娘を描き続けていきたいです。

Amorous Hypothesis
http://mage.s35.xrea.com/

湯浅彬
●ペンテシレイア(p109)

ペンテシレイアを担当させて頂きました湯浅彬と申します。キャラクターを沢山描かせて頂いて楽しかったです…！ 女の子しか居ない軍団なので、色んなタイプの女の子を登場させよう!と思いながら描きました。特にアイコンの子がお気に入りです。皆さんも誰かをお気に入りになって頂けると嬉しいです!

さく.COM
http://oryzivora.net/

lyo
●ブリュンヒルド(p115)

こんにちわ、lyoです。「萌える! 事典シリーズ」に参加してきたことがとても嬉しいです。
今回はブリュンヒルドのイラストを担当させていただきました。凛々しい女性を描くのはとても楽しかったです。少しでもお気に入っていただければ幸いです。

PIXIVページ
http://www.pixiv.net/member.php?id=53112

繭咲悠
●メローラ(p119)

メローラを担当させていただきました、繭咲悠です。
女の子が戦う姿は可憐さかっこよさがありますよね。
鎧の硬いイメージと隙間から見える柔らかそうな肌のコントラストに心惹かれます。

Calicocat
http://calicocat.pw

如月瑞
●ブラダマンテ&マルフィーザ(p123)

ブラダマンテ&マルフィーザを担当させて頂きました。戦う女の子は、かっこよさと可愛さがあって良いですね。
対照的な2人を楽しんで描かせて頂きました♪

ROYAL CROWN
http://k-m.sakura.ne.jp/

みそおかゆ
●クロリンダ (p125)

クロリンダを担当させていただきましたみそおかゆと申します。戦う女性がとても魅力的ですよね！
本当は戦いの中で倒れてしまうんですけどキリスト教に改宗した後をイメージして描かせていただきました。
叶わぬ恋……まさにヒロインです！

みそおかゆなべ
http://misookayu.tumblr.com/

B.tarou
●"男になりすました王女"(p131)

「男になりすました王女」を描かせていただきました。
毎回無茶振りする皇帝にイラっとしながらも、サンライトと一緒に解決していくのがカッコイイ！
女の子でも惚れてしまうわけですね。そんなカッコ良さが出ていればいいのですが！

TAROU'S ROOM
http://shirayuki.saiin.net/~bbrs/tarou/top-f.html

30
●扈三娘(p135)

中学生頃は中国史や日本史にお熱な人間だったので、描いててとても懐かしい気持ちになりました。
鎧を纏って戦う女性はロマンですね！

Grazie!!!
http://algirl.vni.jp/

矢継梃子
●ムーラン(p137)

ムーランを担当させていただきました、矢継梃子です。
男装女子ということで、勇ましくも華麗なイメージで制作しました。
ボーイッシュな女の子、とても良いと思います。

梃屋
http://tecoya1016.wix.com/tecoya

木村樹崇
●アテナ (p145)

今回はアテナを担当させて頂きました。アテナというと結構有名な女神様で設定からしてかなりチートなキャラなので勝ち気で快活なイメージがしっくり来ます。
盾にメデューサの首がくっ付いてるという設定も中々ファンキーですね。

Digi-force.net
http://digi-force.net/

レルシー
●スカサハ (p147)

スカサハを担当させて頂きましたレルシーと申します。存分におしりを撫で回してあげて頂けますと幸いです。

RE:LUCY
http://relucy.com/

久野元気
● ドゥルガー (p153)

この度はドゥルガーを描かせて頂きました。10本以上ある腕を自在に操り戦う彼女は強いだけじゃなく頭の回転も速い女神なのかも知れないですねぇ。私はそんな沢山の腕があってもこんがらがって自滅しちゃいますから。凛々しい目つきに知的さを持ちつつ好戦的な無邪気さを表現…出来てれば良いなぁ。

PIXIV ページ
http://www.pixiv.net/member.php?id=1479993

リリスラウダ
● イシュタル (p155)

今回はイシュタルを描かせていただいたのですが、性愛の女神と聞きそれを意識すべくかなりキワキワな衣装を意識して描きました (殆ど着ていないですが…)
戦場の乙女なので可愛さ以外にも強そうなイメージを取り入れるのに苦労いたしました。

リリスラウダ研究所
http://llauda.sakura.ne.jp/

河内やまと
● アナト (p157)

河内やまとです、今回はアナトを描かせていただきました！ ヤンデレ妹っぽかったので、きつめで勢いのあるデザインをさせて頂きましたが、はたしてアナトっぽい雰囲気が表現出来たのやら…。そんなこんなで悩みつつも楽しく描かせていただきました、感謝！

河内大和
http://www12.plala.or.jp/yamato/

湖湘七巳
● モノクロカット

この度ジャンヌ・ダルクのライバルや仲間達などのイラストカットをたくさん描かせていただきました、湖湘七巳と申します。
なぜだかピエール・コーション司教を描く時が一番楽しかったでした。悪い人なのに。

極楽浄土彼岸へ遙こそ
http://homepage3.nifty.com/shichimi/

萌える！ 戦場の乙女事典 staff

著者	TEAS事務所
監修	寺田とものり
テキスト	岩田和義 (TEAS事務所)
	朱鷺田祐介
	桂令夫
	牧山昌弘
	内田保孝
	村岡修子
	北条三蔵
	鷹海和秀
協力	當山寛人
本文デザイン	神田美智子
カバーデザイン	筑城理江子

八重子さん、
この本を書いたのは
「TEAS事務所」という人たちで、
書籍の編集や執筆をお仕事にしている方々なんだそうです。

おー、「ホームページ」と「ツイッター」があるみたいだ！
ジャンヌさん、
ちょっと見に行ってみようよ！
http://www.otabeya.com/
http://twitter.com/studioTEAS

C-SHOW
- 巻頭・巻末コミック
- 案内キャラクター
- カラーカット
- セクメト(p159)

おたべや
http://www.otabeya.com/

ひなたもも
- フィリッパ・オブ・エノー (p23)

A-G
http://hinamomo.com/

薄切りベーコン
- 甲斐姫(p61)

PIXIVページ
http://www.pixiv.net/member.php?id=24023

悠
- 王異(p75)

PIXIVページ
http://www.pixiv.net/member.php?id=1377330

誉
- ウンニ・アルチャー (p85)

FOOL's ART GALLERY
http://fool.ran-maru.net/

木五倍子
- アン・ボニー&メアリー・リード(p97)

Five Fairies of Forests Blog
http://blog-fff.seesaa.net/

けいじえい
- ンジンガ女王(p103)

PIXIVページ
http://www.pixiv.net/member.php?id=5021528

ジョンディー
- ヘルヴォール(p113)

PIXIVページ
http://www.pixiv.net/member.php?id=1686747

萩原凛
- ブリトマート&ベルフィービー(p127)

vita
http://xxvivixx.noor.jp/

らむ屋
- 関銀屏&鮑三娘(p133)

羊ハウスらむ屋
http://hitujihouse.himegimi.jp/

みちた
- 九天玄女(p149)

Masquerad
http://masqueradeball.blog68.fc2.com/

それでは皆、また会おう！

主要参考資料

◆ 書籍 ◆

『Calamity Jane: The Woman and the Legend』James D. Mclaird（Univ of Oklahoma Pr）
『Chronology of Women's History』Kirstin Olsen（Greenwood Publishing Group）
『Encyclopedia of African American History』Leslie M Alexander、Walter C. Rucker Jr.（ABC-CLIO）
『Great Women of India』Yogi Mahajan（Createspace）
『ONCE THEY MOVED LIKE THE WIND: COCHISE, GERONIMO,』David Roberts（Simon & Schuster）
『Orlando agus Melora』A. M. E. Draak（Bealoideas）
『The Concise Oxford Companion to Irish History』Robert Welch 編集（Oxford Univ Press）
『The Quantum Vision of Kimbangu: Kintuadi in 3D』Dom Pedro V（Xlibris Corporation）
『The Qur'an, Women, and Modern Society』Asgharali Engineer（New dawn press group）
『Warrior Women:The Anonymous Tractatus De Mulieribus』Deborah Levine Gera（Brill Academic Pub）
『アマゾン河探検記』A・R・ウォレス 著／長沢純夫、大曽根静香 訳（青土社）
『アメリカのジャンヌ・ダルクたち 南北戦争とジェンダー』大井浩二 著（英宝社ブックレット）
『アメリカを知る事典』斎藤眞 他（平凡社）
『アンドルー・ラング世界童話集第7巻 むらさきいろの童話集』アンドルー・ラング 編／西村醇子 監修（東京創元社）
『イギリス 王妃たちの物語』石井美樹子 著（朝日新聞社）
『イギリス・ルネサンスの女たち 華麗なる女の時代』石井美樹子 著（中公新書）
『イスラームにおける女性とジェンダー 近代論争の歴史的根源』ライラ・アハメド 著／林正雄、岡真理、本合陽、熊谷滋子、森野和弥 訳（法政大学出版局）
『インド神話』ヴェロニカ・イオンズ 著／酒井傳六 訳（青土社）
『インド大反乱一八五七年』長崎加尾子 著（中公新書）
『インド独立史』森本達雄 著（中公新書）
『ヴィジュアル版世界の神話百科 ギリシア・ローマ／ケルト／北欧』アーサー・コットレル 著／松村一男、蔵持不三也、米原まり子 訳（原書房）
『ヴィジュアル版世界の神話百科 東洋編 エジプトからインド、中国まで』レイチェル・ストーム 著／山本史郎、山本泰子 訳（原書房）
『英国王室宝鑑』森護 著（大修館書店）
『英国王妃物語』森護 著（河出文庫）
『英仏百年戦争』佐藤賢一 著（集英社新書）
『エッダ 古代北欧歌謡集』谷口幸男 訳（新潮社）
『オリエント神話』ジョン・グレイ 著／森雅子 訳（青土社）
『女騎兵の手記』ナージェジダ・ドゥーロワ 著／田辺佐保子 訳（新書館）
『女海賊大全』ジョー・スタンリー 編／桃井緑美子 訳（東洋書林）
『女たちの会津戦争』星亮一 著（平凡社新書）
『女のパリ 小野小町・巴・その他』細川呉港 著（日本エディタースクール出版部）
『海賊の掟』山田吉彦 著（新潮新書）
『海賊列伝 歴史を駆け抜けた海の冒険者たち 上下』チャールズ・ジョンソン 著／朝比奈一郎 訳（中公文庫）
『川と生活シリーズ12 アマゾン川』ローズマリー・マコンネル 著／佐藤久 監修／松尾礼之、門間厚子 訳（帝国書院）
『完訳 水滸伝 1～10巻』吉川幸次郎、清水茂 訳（岩波文庫）
『完訳フロイス日本史 11』豊島与志雄、佐藤正彰、近江正人、岡部正孝 訳（岩波文庫）
『木曽義仲のすべて』鈴木彰、樋口州男、松井吉昭 編（新人物往来社）
『ギリシア神話』フェリックス・ギラン 著（中央公論社）
『ギリシア神話』呉茂一 著（新潮文庫）
『ギリシア・ローマ神話 付インド・北欧神話』トマス・ブルフィンチ 著／野上弥生子 訳（岩波文庫）
『ギリシア・ローマ神話事典』マイケル・グラント、ジョン・ヘイゼル 著／西田実、入江和生、木本道昭、中villa和幸、丹羽隆子 訳（大修館書店）
『近代インドの歴史』ビパン・チャンドラ 著／粟谷利江 訳（山川出版社）
『狂えるオルランド 上下』ルドヴィコ・アリオスト 著／脇功 訳（名古屋大学出版会）
『ケルト人 古代ヨーロッパ先住民族』ゲルハルト・ヘルム 著／関楠生 訳（河出書房新社）
『ケルト神話』プロインシアス・マッカーナ 著／松田幸雄 訳（青土社）
『ケルト神話・伝説事典』ミランダ・J・グリーン 著／井村君江 監訳／渡辺充子、大橋篤子、北川佳奈 訳（東京書籍）
『ケルトマニアアグリコラ』井村君江 著（ちくま文庫）
『古代オリエント事典』日本オリエント学会 編（岩波書店）
『古代メソポタミアの神々 世界最古の《王と神の饗宴》』三笠宮崇仁 監修／岡田明子、小林登志子 著（集英社）
『三国志外伝 民間説話にみる素朴の英雄たち』湖北省群衆芸術館 編／立間祥介、岡崎由美 訳（徳間書店）
『三国志ハンドブック』陳舜臣／武内良雄 編（三省堂）
『時代を駆ける新撰組八〇篇』野口信一、小枝弘和 著（歴史春秋社）
『ジャンヌ・ダルク』レジーヌ・ペルヌー、マリー=ヴェロニック・クラン 著／福本直之 訳（東京書籍）
『ジャンヌ・ダルク』レジーヌ・ペルヌー 著／塚本哲也 監修（「知の再発見」双書）
『ジャンヌ・ダルク と女戦士たち』（新人物往来社）
『ジャンヌ・ダルク復権裁判』レジーヌ・ペルヌー 編著／高山一彦 訳（白水社）
『呪術の占星の戦国史Ⅱ』小和田哲男 著（新潮選書）
『常山紀談 上中下』湯浅常山 著／森銑三 校注（岩波文庫）
『シリア・レバノンを知るための64冊』黒木英充 著（明石書店）
『城となる』岡本堅次 著（吉川弘文館）
『神功皇后』岡本堅次 著（吉川弘文館）
『神功皇后は実在した その根拠と証明』後藤幸彦 著（明窓出版）
『神功皇后を読み解く』山田昌生 著（国書刊行会）
『新撰組事典』歴史と文学のườ 編（勉誠出版）
『人物日本の女性史3 源平争乱期の女性』円地文子（小学館）
『新編日本古典文学全集45 平家物語』市古貞次 校注（小学館）
『水滸伝人物事典』高橋俊男 著（日本実業新社）
『図解エジプトの神々事典』ステファヌ・ロッシーニ、リュト・シュマン=アンテルム、矢島文夫、吉田春美 訳（河出書房新社）
『図解海賊大全』デイヴィッド・コーディングリ 編／増田義郎 監修／増田義郎、

竹内和世 訳（東洋書林）
『図解古戦場 地図で読む源平争乱』関幸彦 監修（青春出版社）
『図解ギリシア・ローマ神話文化事典』ルネ・マルタン 監修／松村一男 訳（原書房）
『図解ケルト神話物語』イアン・ザイチェック 著／山本史郎、山本泰子 訳（原書房）
『図解古代オリエント事典 大英博物館版』ピョートル・ビエンコウスキ、アラン・ミラー 編／池田裕、山田重郎 訳監修／池田潤、山田恵子、山田雅道 訳（東洋書林）
『図解 古代ローマの戦い』エイドリアン・ゴールズワーシー 著／ジョン・キーガン 監修／遠藤利国 訳（東洋書林）
『図解あらすじで読む日本の仏様』速水侑 監修（青春出版社）
『図解狙撃手大全 パット・ファーレイ、マーク・スパイヒャー 著／大槻敦子 訳（原書房）
『正史 三国志 4 魏書Ⅳ』陳寿、裴松之 著／今鷹真、小南一郎 訳（ちくま学芸文庫）
『世界古典文学全集 第21巻 ウェルギリウス』ウェルギリウス、ルクレティウス 著／泉井久之助 他 訳（筑摩書房）
『世界神話伝説大系40 アイルランドの神話伝説Ⅱ』（名著普及会）
『世界の教科書シリーズ21 ベトナムの歴史 ベトナム中学校歴史教科書』ファン・ゴ・リエン 著／今井昭夫 監訳／伊藤悦子、小川有子、坪井未央子 訳（明石書店）
『世界の神話がわかる』吉田敦彦 監修（日本文芸社）
『世界の神話伝説 総解説』（自由国民社）
『世界歴史大系 中国史(4) 明～清』松丸道雄、斯波義信、浜下武志、池田温、神田信夫 編（山川出版社）
『山海経 中国古代の神話世界』高馬三良 訳（平凡社）
『戦国女系譜 巻之二』楠戸義昭 著（毎日新聞社）
『戦国知略物語 城を支えた女たち』山名美和子 著（鳳書院）
『戦国武将の妻たち』百瀬明治 著（PHP研究所）
『戦士ジャンヌ・ダルクの炎上と復活』竹下節子 著（白水社）
『戦術者 ポリュアイノス 著／戸部順一 訳（国文社）
『狙撃手列伝』チャールズ・ストロング 著／伊藤綺 訳（原書房）
『第二次大戦航空史話 中』秦郁彦 著（大山嶽神社出版社）
『タッソ エルサレム解放』トルクァート・タッソ 著／A・ジュリアーニ 編集／鷲平京子 訳（岩波書店）
『筑摩世界文学大系1 古代オリエント集』（筑摩書房）
『「知の再発見」双書35 ケルト人 蘇えるヨーロッパ《幻の民》』クリスチアーヌ・エリュエール 著／鶴岡真弓 監修／田辺希久子、湯川佳子 訳（創元社）
『「知の再発見」双書 109 奇跡のジャンヌ・ダルク』レジーヌ・ペルヌー、塚本哲也 監修（創元社）
『中国古代の伝説』水上静夫 著（時事通信社）
『中国古典文学大系28 水滸伝 上中下』駒田信二、上下（平凡社）
『中国人名事典 古代から現代まで』日外アソシエーツ 編（日外アソシエーツ）
『中国文明の歴史(1)中国文化の成立』水野寿一 責任編集（中公文庫）
『つる姫さま』巨堂編（岐阜城社刊行会）
『東南アジアを知るシリーズ ベトナムの事典』石井米雄 監修／桜井由躬雄、桃木至朗 編（同朋舎）
『成吉思汗』（歴史図書社）
『ニーベルンゲンの歌 前後編』相良守峯 訳（岩波文庫）
『日本女性史 新編 コンパクト版』女性史事典編集委員会（新人物往来社）
『日本女性人名辞典 普及版』（日本図書センター）
『日本女王全史』（の門堂）
『幕末会津の女たち、男たち 山本八重と妹みね 八重の証言』豊浦志朗 著（文藝春秋）
『ビジュアル版 ギリシア神話物語』楢見十鶴子 著（西東社）
『百年戦争とリッシュエル大元帥』ジャン=ポール・エチュベリ 著／大谷暢順 訳（河出書房新社）
『フランス革命期の女たち 上下』ガリューナ・セレブリャコワ 著／西本昭治 訳（岩波書店）
『ブルマーの社会史 女子体育へのまなざし』高橋一郎、萩原美代子、谷口雅子、掛水通子、角田聡美 著（青弓社）
『平家物語を知る事典』五味文彦、櫻井陽子 編（東京堂出版）
『平家物語を知る事典』日下力、鈴木彰、出口久徳 著（東京堂出版）
『別冊歴史読本 忍びの者132人データファイル』（新人物往来社）
『ベトナム人と日本人』穴吹亮 著（PHP研究所）
『北欧神話』菅原邦城 著（戎光祥出版）
『北欧神話と伝説』グレンベック 著／山室静 訳（新潮社）
『ホクロス イリアス 上下 松平千秋 訳（岩波文庫）
『マクミラン女王英雄事典』若松尚 著（東洋書林）
『ミリタリー・スナイパー 見えざる敵の恐怖』マーティン・ペグラー 著／岡崎淳子 訳（大日本絵画）
『メソポタミアの神々と空想動物』アンソニー・グリーン 監修／MIHO MUSEUM 編（MIHO MUSEUM）
『物語 ヴェトナムの歴史 一億人国家のダイナミズム』小倉貞男 著（中公新書）
『物語幕末を生きた女101人 運命・秘話・想い、実像とその後』歴史読本 編集部（新人物往来社）
『山本八重 統二十字架を生きた会津女子』楠戸義昭 著（文芸春秋）
『妖精の女王Ⅰ』エドモンド・スペンサー 著／和田勇一、福田昇八 訳（筑摩書房、ちくま文庫）
『龍馬と八人の女性』阿井景子 著（戎光祥出版）
『歴史をつくる女たち5 愛と憎しみの原型』小川国夫 著／木村尚三郎 編纂（集英社）
『ローマ神話 西欧文化の源流から』丹羽隆子 著（大修館書店）
『ワイド東洋文庫443 アラビアン・ナイト別巻 アラジンとアリババ』前島信次 訳（平凡社）

◆ 映像 ◆

『アパッチ戦士ローゼン』（DISCOVERY CHANNEL）

◆ web サイト ◆

「CHOORAKKODY KALARI SANGAM YILLIAPPALLY」
http://choorakkodykalari.com/kadathanadu.html
「Encycropedia Britannica」（1911 年版）
http://www.theodora.com/encyclopedia/
「Life and Adventures of Calamity Jane」（Project Gutenberg）

205

■戦場の乙女索引

項目	分類	ページ
『Vadakkan Pattukal』	伝承・資料・創作	84
アーサー王	その他人物	118,
『アーサー王伝説』	伝承・資料・創作	22,118,126
アーティガル	その他人物	126,128
『アイティオピス』	伝承・資料・創作	106
アウレリアヌス	その他人物	86
アエネアス	その他人物	110
『アエネイス』	伝承・資料・創作	110
アキレウス	その他人物	106,107,176
アクハト	その他人物	156
阿佐利義遠	その他人物	52
『吾妻鏡』	伝承・資料・創作	47,50,52
アテナ	戦場の乙女／女神	144
アトラント	その他人物	120,121
アナト	戦場の乙女／女神	156
アメリア・J・ブルマー	その他女性	160
アランソン侯ジャン2世	その他人物	169,171,186,187,188
『アリ・ババと40人の盗賊』	伝承・資料・創作	140
アルテミシア	戦場の乙女／史実	88
アルテミス	その他神・超常存在	128
アルビダ	戦場の乙女／史実	20
アルブ	その他人物	20
アルングリム	その他人物	112
アレクサンドル・アレクサンドロフ	戦場の乙女／史実	ナージェジダ・アンドレーヴナ・ドゥーロワを参照
アン・ボニー	戦場の乙女／史実	94,95
井伊直虎	戦場の乙女／史実	56,57
井伊直政	その他人物	56
イエス・キリスト	その他人物	18,27,164,190
韋康	その他人物	74
石田三成	その他人物	60
イシュタル	戦場の乙女／女神	154,156
イナンナ	戦場の乙女／女神	154,156
イリアネ	その他女性	130
インド大反乱	事件・出来事	82
ヴィクトリオ	その他人物	98
ウィリアム・シェイクスピア	その他人物	30,35
ウェルギリウス	その他人物	110
ウンニ・アルチャー	戦場の乙女／史実	14,84
ウンム＝ハキーム	戦場の乙女／史実	92
エドワード3世	その他人物	22
エリザベス1世	その他女性	104,126,129
エンケラドス	その他神・超常存在	144
オイフェ	戦場の乙女／女神	146
王異	戦場の乙女／史実	74
王英	その他人物	134
応仁の乱	事件・出来事	56
大内義隆	その他人物	54
オーディン	その他神・超常存在	116,142
大祝安用	その他人物	54
オーランド	その他人物	118
桶狭間の戦い	事件・出来事	56
オデナトゥス	その他人物	86
「男になりすました王女」	戦場の乙女／神話伝承・創作	130
『男になりすました王女』	伝承・資料・創作	130
『乙女騎兵-ロシアの出来事』	伝承・資料・創作	36
お龍	その他女性	64
オルレアン解放	事件・出来事	167,180,181,184,185
カーリー	戦場の乙女／女神	152
ガイア	その他神・超常存在	144
『海賊の歴史』	伝承・資料・創作	104
甲斐姫	戦場の乙女／史実	60
『解放されたエルサレム』	伝承・資料・創作	124
カウラビント・アル＝アズワール	戦場の乙女／史実	92
「花関索伝」	伝承・資料・創作	132
梶原景時	その他人物	50
カミラ	戦場の乙女／神話伝承・創作	110
カラミティ・ジェーン	戦場の乙女／史実	100
川中島の戦い	事件・出来事	62
関羽	その他人物	132
関銀屏	戦場の乙女／神話伝承・創作	132
関索	その他人物	132
木曾義仲(源義仲)	その他人物	46,47
九天玄女	戦場の乙女／女神	148
ギルガメシュ	その他人物	154
『ギルガメシュ叙事詩』	伝承・資料・創作	154
クー・フーリン	その他人物	146
楠木正成	その他人物	150
クリームヒルト	その他女性	116
『狂えるオルランド』	伝承・資料・創作	120
グレース・オマリー	戦場の乙女／史実	104
クロリンダ	戦場の乙女／神話伝承・創作	124
グンヒル	その他人物	114,116
『恋するオルランド』	伝承・資料・創作	120
「皇帝紀」	伝承・資料・創作	86
鳳三娘	戦場の乙女／神話伝承・創作	134
サイカル	戦場の乙女／神話伝承・創作	138
坂本龍馬	その他人物	64
サラミスの海戦	事件・出来事	88
『三国志』	伝承・資料・創作	74,132
『三国志演義』	伝承・資料・創作	132
ジーフリト	その他人物	114,116
ジェロニモ	その他人物	98
シグルズ	その他人物	116
シャーロット・デ・ベリー	戦場の乙女／神話伝承・創作	104
シャルル7世	その他人物	27,30,35,168,170,171,172,173,174,175,179,180,181,182,183,186,187,188,190,192
シャルルマーニュ(カール大帝)	その他人物	120,121
シャルロット・コルデー	戦場の乙女／史実	32,34
ジャン・ポール・マラー	その他人物	34
ジャンヌ・ダルク	戦場の乙女／史実	22,24,26,27,30,35,46,82,161,162,163,164,165,166,167,168,169,170,171,172,173,174,175,179,180,181,182,183,184,185,186,187,188,189,190,191,192,193
ジャンヌ・ド・ベルヴィル	戦場の乙女／史実	24,26
蚩尤	その他神・超常存在	148
『女性論考』	伝承・資料・創作	90
ジョン・タルボット	その他人物	168,176
ジョン・ラカム	戦場の乙女／史実	94,95
ジライブン・アズワール	その他人物	92
新羅征討	事件・出来事	44
ジルド・レイ	その他人物	169,172,
神功皇后	戦場の乙女／史実	44
秦良玉	戦場の乙女／史実	76
『水滸伝』	伝承・資料・創作	134,148
スヴェフルラーメ	その他人物	112
スカサハ	戦場の乙女／女神	146
セクメト	戦場の乙女／女神	158
ゼノビア	戦場の乙女／史実	86
『戦術書』	伝承・資料・創作	90
『戦友絵姿』	伝承・資料・創作	66
宋江	その他人物	134,148
曹操	その他人物	74
園部秀雄	戦場の乙女／史実	53
孫権	その他人物	74,132

項目	分類	ページ
第一次世界大戦	事件・出来事	129
第二次世界大戦	事件・出来事	38,193
『大日本史』	伝承・資料・創作	52
タキトゥス	その他人物	18
武田信玄	その他人物	56,62,150
立花誾千代	戦場の乙女／史実	56,57
立花道雪	その他人物	57
タンクレーディ	その他人物	124
千葉佐那	戦場の乙女／史実	64
千葉周作	その他人物	64
仲哀天皇	その他人物	44
趙娥	戦場の乙女／史実	78,80
チュン・チャック	戦場の乙女／史実	78
チュン・ニ	戦場の乙女／史実	78
趙昂	その他人物	74
張飛	その他人物	132
鶴姫	戦場の乙女／史実	54
ディアナ	その他神・超常存在	110
デメトリオス2世	その他人物	90
テロワーニュ・ド・メリクール	戦場の乙女／史実	32,34
ドゥルガー	戦場の乙女／女神	152
徳川家康	その他人物	56,57
徳川家茂	その他人物	66
徳川慶喜	その他人物	64,68
鳥羽伏見の戦い	事件・出来事	68
巴御前	戦場の乙女／史実	46,47,50
豊臣秀吉	その他人物	60
ナージェジダ・アンドレーヴナ・ドゥーロワ	戦場の乙女／史実	13,36,42
中沢琴	戦場の乙女／史実	66
中島登	その他人物	66
ナポレオン	その他人物	13,36,193
成田氏長	その他人物	60
新島襄	その他人物	68,70
『ニーベルンゲンの歌』	伝承・資料・創作	114,116
日露戦争	事件・出来事	42,70
日清戦争	事件・出来事	70
ハーリド・イブン・アル・ワーリド	その他人物	92
バアル	その他神・超常存在	156
ハイ・バー・チュン	戦場の乙女／史実	78,80
ハインド・アル=フンド	戦場の乙女／史実	92
ハゲネ	その他人物	116
馬千条	その他人物	76
馬超	その他人物	74
バテーの戦い	事件・出来事	167,180,186,191
原右郎妹女	戦場の乙女／史実	66
薔薇戦争	事件・出来事	30
坂額御前	戦場の乙女／史実	50,52
ピエール・コーション	その他人物	168,177,189,192
ヒッポリュテ	戦場の乙女／神話伝承・創作	107
百年戦争	事件・出来事	22,24,26,27,30,35,177,178,179,180,190
フィリッパ・オブ・エノー	戦場の乙女／史実	22,26
ブルゴーニュ公フィリップ(フィリップ善良公)	その他人物	168,175,179,181,183,187,188,189,191
ブーディカ	戦場の乙女／史実	18
婦好	戦場の乙女／史実	72
武丁	その他人物	72
ブラダマンテ	戦場の乙女／神話伝承・創作	120,121
フランス革命	事件・出来事	32
ブリトマート	戦場の乙女／神話伝承・創作	126,128
ブリュンヒルド	戦場の乙女／神話伝承・創作	114,116
『平家物語』	伝承・資料・創作	46,47
『平妖伝』	伝承・資料・創作	148
ヘクトル	その他人物	106,120
ベッドフォード公ジョン	その他人物	168,176
ヘルヴォール	戦場の乙女／神話伝承・創作	112
『ヘルヴォルとヘイズレク王のサガ』	伝承・資料・創作	112
ベルフィービー	戦場の乙女／神話伝承・創作	126,128
ペンテシレイア	戦場の乙女／神話伝承・創作	106,107
ヘンリー6世	その他人物	30,35,176
鮑凱	その他人物	132
鮑三娘	戦場の乙女／神話伝承・創作	132
『封神演義』	伝承・資料・創作	72
ボードリクール	その他人物	169,174,182
戊辰戦争	事件・出来事	66,68
ポリュアイノス	その他人物	150
マーガレット・オブ・アンジュー	戦場の乙女／史実	30
マーリン	その他人物	118
前田利家	その他人物	150
松平容保	その他人物	70
マナス	その他人物	138
『マナス』	伝承・資料・創作	138
摩利支天	戦場の乙女／女神	150
マルフィーザ	戦場の乙女／神話伝承・創作	120,121
『万川集海』	伝承・資料・創作	62
ミトラダテス1世	その他人物	90
源頼朝	その他人物	47,50
『明史』	伝承・資料・創作	76
ムーラン	戦場の乙女／神話伝承・創作	136
『木蘭出征』	伝承・資料・創作	136
『木蘭辞』	伝承・資料・創作	136
ムハンマド	その他人物	92
メアリー・リード	戦場の乙女／史実	94,95
メローラ	戦場の乙女／神話伝承・創作	118
『メローラとオーランドの冒険』	伝承・資料・創作	118
毛利元就	その他人物	150
望月千代女	戦場の乙女／史実	62
望月盛時	その他人物	62
モト	その他神・超常存在	156
モルジアナ	戦場の乙女／神話伝承・創作	140
山本覚馬	その他人物	68,70
山本勘助	その他人物	150
山本八重	戦場の乙女／史実	68,70
『妖精の女王』	伝承・資料・創作	126,128
淀殿	その他女性	60
ライール	その他人物	169,173,184,190,191
ラトルモイユ	その他人物	168,175,187,191
ラー	その他神・超常存在	158
ラクシュミー・バーイー	戦場の乙女／史実	82
ラディガンド	戦場の乙女／神話伝承・創作	128
リッシュモン大元帥	その他人物	169,174,175,186,191
リディア・リトヴァク	戦場の乙女／史実	40,42
リュドミラ・パヴリチェンコ	戦場の乙女／史実	38,40,42
ルイ16世	その他人物	34
ルッジェーロ	その他人物	120,121
ローゼン	戦場の乙女／史実	98
ロドグネ	戦場の乙女／史実	90
ワイルド・ビル・ヒコック	その他人物	100
ンジンガ女王	戦場の乙女／史実	102

萌える！戦場の乙女事典

2015年1月17日 初版発行

著者　　　TEAS事務所
発行人　　松下大介
発行所　　株式会社 ホビージャパン
〒151-0053　東京都渋谷区代々木2-15-8
電話　　　03（5304）7602（編集）
　　　　　03（5304）9112（営業）

印刷所　　大日本印刷株式会社

乱丁・落丁（本のページの順序の間違いや抜け落ち）は購入された店舗
名を明記して当社パブリッシングサービス課までお送りください。
送料は当社負担でお取り替えいたします。
但し、古書店で購入したものについてはお取り替えできません。

禁無断転載・複製

©TEAS Jimusho 2015
Printed in Japan
ISBN978-4-7986-0950-8 C0076